Você e a Astrologia

ESCORPIÃO

Bel-Adar

Você e a Astrologia

ESCORPIÃO

*Para os nascidos de
23 de outubro a 21 de novembro*

Editora
Pensamento
SÃO PAULO

Todos os direitos reservados. Nenhuma parte desta obra pode ser reproduzida ou usada de qualquer forma ou por qualquer meio, eletrônico ou mecânico, inclusive fotocópias, gravações ou sistema de armazenamento em banco de dados, sem permissão por escrito, exceto nos casos de trechos curtos citados em resenhas críticas ou artigos de revistas.

1ª edição 1968.
16ª reimpressão 2017.

Dados Internacionais de Catalogação na Publicação (CIP)
(Câmara Brasileira do Livro, SP, Brasil)

Bel-Adar
Você e a astrologia : escorpião : para os nascidos de 23 de outubro a 21 de novembro / Bel-Adar. – São Paulo : Pensamento, 2009.

14ª reimpr. da 1. ed. de 1968.
ISBN 978-85-315-0715-1

1. Astrologia 2. Horóscopos I. Título.

08-10704 CDD-133.5

Índices para catálogo sistemático:
1. Astrologia 133.5

Direitos reservados
EDITORA PENSAMENTO-CULTRIX LTDA.
Rua Dr. Mário Vicente, 368 — 04270-000 — São Paulo, SP
Fone: (11) 2066-9000 — Fax: (11) 2066-9008
E-mail: atendimento@editorapensamento.com.br
http://www.editorapensamento.com.br
Foi feito o depósito legal

ÍNDICE

ASTROLOGIA 7

O ZODÍACO 15

O ESCORPIÃO 19

NATUREZA CÓSMICA DE ESCORPIÃO 21
O elemento água, 21. Energia, 23. Polaridade, 24. Ritmo, 26. Fecundidade, 27. Vitalidade, 29. Figura simbólica, 29. Urano em Escorpião, 30. Lua em Escorpião, 31. Plutão em Escorpião, 31. Síntese cósmica, 32.

O ESCORPIANO 35
Como identificar um escorpiano, 35. Regeneração e degeneração, 36. O lutador, 38. O poder oculto, 40. A mulher de Escorpião, 42. Amor e orgulho, 44. O ferrão de Escorpião, 46. Síntese, 47.

O DESTINO 49
Evolução material, 50. Família, 53. Amor, 54. Filhos, 55. Posição social, 56. Finanças, 57. Saúde, 59. Amigos, 62. Inimigos, 63. Viagens, 64. Profissões, 65. Síntese, 67.

A CRIANÇA DE ESCORPIÃO.. 69

O TRIÂNGULO DE ÁGUA 73

AS NOVE FACES DE ESCORPIÃO 77
Tipo Escorpiano–Marciano, 77. Tipo Escorpiano–Netuniano, 79. Tipo Escorpiano–Lunar, 82.

ESCORPIÃO E O ZODÍACO 85
Escorpião–Áries, 87. Escorpião–Touro, 90. Escorpião–Gêmeos, 93. Escorpião–Câncer, 97. Escorpião–Leão, 100. Escorpião–Virgem, 103. Escorpião–Libra, 107. Escorpião–Escorpião, 110. Escorpião–Sagitário, 113. Escorpião–Capricórnio, 117. Escorpião–Aquário, 120. Escorpião–Peixes, 123.

MARTE, O REGENTE DE ESCORPIÃO 127
Simbolismo das cores, 132. A magia das pedras e dos metais, 134. A mística das plantas e dos perfumes, 136.

MARTE E OS SETE DIAS DA SEMANA 139
Segunda-Feira, 139. Terça-Feira, 140. Quarta-Feira, 141. Quinta-Feira, 142. Sexta-Feira, 143. Sábado, 144. Domingo, 145.

MITOLOGIA 147
Escorpião, 147. Marte, 150.

ASTRONOMIA 153
A constelação de Escorpião, 153. O planeta Marte, 154.

ALGUNS ESCORPIANOS FAMOSOS.. 159

ASTROLOGIA

Mergulhando no passado, em busca das origens da Astrologia, descobre-se que ela já existia, na Mesopotâmia, trinta séculos antes da Era Cristã. No século VI a.C., atingiu a Índia e a China. A Grécia recebeu-a em seu período helênico e transmitiu-a aos romanos e aos árabes. Caldeus e egípcios a praticaram; estes últimos, excelentes astrônomos e astrólogos, descobriram que a duração do ano era de 365 dias e um quarto e o dividiram em doze meses, de trinta dias cada, com mais cinco dias excedentes.

Foram os geniais gregos que aperfeiçoaram a Ciência Astrológica e, dois séculos antes da nossa era, levantavam horóscopos genetlíacos exatamente como os levantamos hoje. Criaram o zodíaco intelectual, com doze signos de trinta dias, ou trinta graus cada, e aos cinco dias restantes deram o nome de epagômenos. Delimitaram a faixa zodiacal celeste, sendo que os primeiros passos para isso foram dados pelo grande filósofo Anaximandro e por Cleostratus. Outro filósofo, de nome Eudoxos, ocupou-se de um processo chamado *catasterismo*, identificando as estrelas com os deuses. Plutão associou o Sol a um deus composto, Apolo-Hélios, e criou um sistema de teologia astral. Hiparcus, um dos maiores gregos de todos os tempos, foi apologista fervoroso do poder dos astros, e epicuristas e estóicos, que compunham as duas mais poderosas frentes filosóficas que o homem jamais conheceu, dividiam suas opiniões; enquanto os epicuristas rejeitavam a Astrologia, os estóicos a defendiam ardentemente e cultivavam a teoria da *simpatia universal*, ligando o pequeno mundo do homem, o microcosmo, ao grande mundo da natureza, o macrocosmo.

Os antigos romanos relutaram em aceitar a ciência dos astros, pois tinham seus próprios deuses e processos divinatórios. Cícero repeliu-a mas Nigidius Figulus, o homem mais culto de sua época, defendeu-a com ardor. Com o Império ela triunfou e César Augusto foi um dos seus principais adeptos. Com o domínio do cristianismo perdeu sua característica de conhecimento sagrado, para manter-se apenas como arte divinal, pois os cristãos opunham a vontade do Criador ao determinismo das estrelas. Esqueceram-se, talvez, que foi o Criador quem fez essas mesmas estrelas e, segundo o Gênese, cap. 1, vers. 14, ao criá-las, disse:

"...e que sejam elas para sinais e para tempos determinados..."

Nos tempos de Carlos Magno, a Astrologia se espalhou por toda a Europa. Mais tarde, os invasores árabes reforçaram a cultura européia e a Ciência Astronômica e Astrológica ao divulgarem duas obras de Ptolomeu, o Almagesto e o Tetrabiblos. Na Idade Média ela se manteve poderosa e nem mesmo o advento da Reforma conseguiu prejudicá-la, sendo que dois brilhantes astrônomos dessa época, Ticho Brahe e Kepler, eram, também, eminentes astrólogos.

Hoje a Ciência Astrológica é mundialmente conhecida e, embora negada por uns, tem o respeito da maioria. Inúmeros tratados, onde competentes intelectuais estabelecem bases racionais e milhares de livros, revistas e almanaques populares são publicados anualmente e exemplares são permutados entre todos os países. Gradualmente ela vem sendo despida de suas características de adivinhação e superstição, para ser considerada em seu justo e elevado valor, pois é um ramo de conhecimento tão respeitável quanto a Psicologia, a Psicanálise, a Psiquiatria ou a Parapsicologia, que estudam e classificam os fenômenos sem testes de laboratório e sem instrumentos de física, empregando, apenas, a análise e a observação.

Os cientistas de nossa avançada era astrofísica e espacial já descobriram que, quando há protuberâncias no equador solar ou explodem bolhas gigantescas em nosso astro central, aqui, na Terra, em conseqüência dessas bolhas e explosões, seres humanos sofrem ataques apopléticos ou são vitimados por embolias; isto acontece porque a Terra é bombardeada por uma violenta tempestade de elétrons e ondas curtas, da natureza dos Raios Roentgen, que emanam das crateras deixadas por essas convulsões solares e que causam, nos homens, perturbações que podem ser medidas por aparelhos de física e que provocam os espasmos arteriais, aumentando a mortalidade. Usando-se um microscópio eletrônico, pode-se ver a trajetória vertiginosa dos elétrons, atravessando o tecido nervoso de um ser humano; pode-se, também, interromper essa trajetória usando campos magnéticos. Raios cósmicos, provindos de desconhecidos pontos do Universo, viajando à velocidade de 300 000 quilômetros por segundo e tendo um comprimento de onda de um trilionésimo de milímetro, caem como chuva ininterrupta sobre a Terra, varando nossa atmosfera e atravessando paredes de concreto e de aço com a mesma facilidade com que penetram em nossa caixa craniana e atingem nosso cérebro. Observações provaram que a Lua influencia as marés, o fluxo menstrual das mulheres, o nascimento das crianças e animais, a germinação das plantas e provoca reações em determinados tipos de doentes mentais.

É difícil, portanto, admitir esses fatos e, ao mesmo tempo, negar que os astros possam emitir vibrações e criar campos magnéticos que agem sobre as criaturas humanas; é, também, difícil negar que a Astrologia tem meios para proporcionar o conhecimento do temperamento, caráter e conseqüente comportamento do homem, justamente baseando-se nos fenômenos cósmicos e nos efeitos magnéticos dos planetas e estrelas. Um cético poderá observar que está pronto a considerar que é possível classificar, com acerto, as criaturas dentro de doze signos astrológicos mas que acha absurdo prever o destino por meio dos astros. Objetamos, então, que o destino de uma pessoa resulta de uma série de fatores, sendo que os mais importantes, depois do seu caráter e temperamento, são o seu comportamento e as suas atitudes mentais. Pode-se, por conseguinte, com conhecimentos profundos da Astrologia, prever muitos acontecimentos, com a mesma base científica que tem o psiquiatra, que pode adivinhar o que acontecerá a um doente que tem mania de suicídio, se o deixarem a sós, em um momento de depressão, com uma arma carregada.

Muitos charlatães têm a vaga noção de que Sagitário é um cavalinho com tronco de homem e Capricórnio é um signo que tem o desenho engraçado de uma cabra com rabinho de peixe. Utilizando esse "profundo" conhecimento, fazem predições em revistas e jornais, com razoável êxito financeiro. Outros "astrólogos", mais alfabetizados, decoram as induções básicas dos planetas e dos signos e depois, entusiasmados, fazem horóscopos e previsões de acontecimentos que não se realizam: desse modo, colocam a Astrologia em descrédito, da mesma forma que seria ridícula a Astronáutica se muitos ignorantes se metessem a construir espaçonaves em seus quintais. Devem todos, pois, fugir desses mistificadores como fugiriam de alguém que dissesse ser médico sem antes ter feito os estudos necessários. Os horóscopos só devem ser levantados por quem tem conhecimento e capacidade e só devem ser acatadas publicações endossadas por nomes respeitáveis ou por organizações de reconhecido valor, que se imponham por uma tradição de seriedade e rigor.

A Astrologia não é um negócio, é uma Ciência; Ciência capaz de indicar as nossas reais possibilidades e acusar as falhas que nos impedem de realizar nossos desejos e os objetivos da nossa personalidade; capaz de nos ajudar na educação e orientação das crianças de modo a que sejam aproveitadas, ao máximo, as positivas induções do signo presente no momento natal; que pode apontar quais os pontos fracos do nosso corpo, auxiliando-nos a preservar a saúde; essa ciência nos mostrará as afinidades e hostilidades existentes entre os doze tipos zodiacais de modo que possamos ter felicidade no lar, prosperidade nos negócios, alegria com os amigos e relações harmônicas com todos os nossos semelhantes. As estrelas, enfim, nos desvendarão seus mistérios e nos ensinarão a solucionar os transcendentes problemas do homem e do seu destino, dando-nos a chave de ouro que abrirá as portas para uma vida feliz e harmônica, onde conheceremos mais vitórias do que derrotas.

Bel-Adar

O ZODÍACO

O zodíaco é uma zona circular cuja eclíptica ocupa o centro. É o caminho que o Sol parece percorrer em um ano e nela estão colocadas as constelações chamadas zodiacais que correspondem, astrologicamente, aos doze signos. O ano solar (astronômico) e intelectual (astrológico) tem início em 21 de março, quando o Sol atinge, aparentemente, o zero grau de Áries, no equinócio vernal, que corresponde, em nossa latitude, à entrada do outono. Atualmente, em virtude da precessão dos equinócios, os signos não correspondem à posição das constelações, somente havendo perfeita concordância entre uns e outros a cada 25 800 anos, o que não altera, em nada, a influência cósmica dos grupos estelares em relação ao zodíaco astrológico.

Em Astrologia, o círculo zodiacal tem 360 graus e está dividido em doze Casas iguais, de 30 graus cada. Não há, historicamente, certeza de sua origem. Nos monumentos antigos da Índia e do Egito foram encontrados vários zodíacos, sendo os mais célebres o de

Denderah e os dos templos de Esné e Palmira. Provavelmente a Babilônia foi seu berço e tudo indica que as figuras que o compunham, primitivamente, foram elaboradas com os desenhos das estrelas que compõem as constelações, associados a certos traços que formam o substrato dos alfabetos assírio-babilônicos.

Cosmicamente, o zodíaco representa o homem arquetípico, contendo: o binário masculino-feminino, constituído pela polaridade *positivo-negativa* dos signos; o ternário rítmico da dinâmica universal, ou seja, os ritmos *cardinal, fixo e mutável;* o quaternário, que representa os dois aspectos da matéria, cinético e estático, que se traduzem por *calor e frio — umidade e secura*. Este quaternário é encontrado nas forças fundamentais — radiante, expansiva, fluente e coesiva — e em seus quatro estados de materialização elementar: *fogo, ar, água* e *terra*.

Na Cabala vemos que Kjokmah, o segundo dos três principais Sephirot, cujo nome divino é Jehovah, tem como símbolo a *linha,* e seu Chakra mundano, ou representação material, é Mazloth, o Zodíaco. Também a Cabala nos ensina que Kether, o primeiro e supremo Sephirahm cujo Chakra mundano é "Primeiro Movimento", tem, entre outros, o seguinte título, segundo o texto yetzirático: *Ponto Primordial*. Segundo a definição euclidiana, o ponto tem posição, mas não possui dimensão; estendendo-se, porém, ele produz a linha. Kether, portanto, é o Ponto Primordial, o princípio de todas as coisas, a fonte de energia não manifestada, que se estende e se materializa em Mazloth, o Zodíaco, cabalisticamente chamado de "O Grande Estimulador do Universo" e misticamente considerado como Adam Kadmon, o primeiro homem.

Pode-se, então, reconhecer a profunda e transcendente importância da Astrologia quando vemos no Zodíaco o Adam Kadmon, o homem arquetípico, que se alimenta espiritualmente através do cordão umbilical que o une ao logos e que está harmonicamente adaptado ao equilíbrio universal pelas leis de Polaridade e Ritmo expressas nos doze signos.

O ESCORPIÃO

Escorpião é a oitava constelação zodiacal: corresponde ao oitavo signo astrológico e rege os dias que vão de 23 de outubro a 21 de novembro. Tem como figura simbólica um escorpião e sua palavra-chave é RENOVAÇÃO. No zodíaco fixo ele ocupa a Casa da morte e indica não apenas a aniquilação física, mas, também, a espiritual. O homem sabe e pode escolher entre o bem e o mal; Escorpião é a porta do livre-arbítrio que se abre mostrando dois caminhos, um que leva a criatura de volta ao plano divino de onde ela foi exilada e o outro que a conduz ao caos, ou à destruição eterna.

Segundo a Cabala Mística, o regente celestial de Escorpião é Barbiel, e na Magia Teúrgica a ordem dos anjos a ele correspondente é a dos Arcanjos, ou filhos de Deus. Nos mistérios da Ordem Rosa-Cruz encontramos que as letras I. N. R. I., colocadas no madeiro onde Jesus foi torturado, representam as iniciais dos quatro elementos, em língua hebraica: *Iam*, água — *Nour*, fogo — *Ruach*, espírito ou ar vital — *Iabeshab*, terra. A água, portanto, elemento a que pertence Escorpião, está indicada pelo I, primeira letra da Cruz.

Como signo de água, nos quatro planos da Vida, o Escorpião corresponde ao Plano Astral. Na Magia vemos que ele é governado pelas Ondinas, delicadíssimas criaturas que vivem nas águas correntes. Em sua bela invocação mágica, encontramos o desejo de alcançar os mundos superiores:

> "Ó imensidade, na qual se vão perder todos os rios do ser que renascem sempre em vós! Ó oceano de perfeições infinitas! Altura que se contempla na profundeza, profundeza que exalais das alturas, conduzi-nos à verdadeira vida, pela inteligência e pelo amor!..."

NATUREZA CÓSMICA DE ESCORPIÃO

O elemento água

A água parece dar uma personalidade muito instável a todos os que nascem nos signos por ela dominados. Essa instabilidade, todavia, é apenas de superfície, referindo-se mais aos estados de ânimo; assim, os nativos de Câncer, Escorpião e Peixes podem passar da maior afabilidade à maior agressividade, ou da mais intensa alegria à mais profunda tristeza. Interiormente eles são muito constantes em seus sentimentos, pensamentos e determinações, assemelhando-se ao mar, cuja superfície é coberta por ondas inquietas e mutáveis, mas cujas águas profundas são calmas e densas.

A água é fluente e plástica. Em virtude de sua natureza passiva, adapta-se docilmente a todas as formas, deixa-se modelar de acordo com o cristal da jarra, deixa-se canalizar à vontade e se submete às paredes de um dique. Esta passividade, todavia, é enganadora, pois esconde a verdadeira natureza desse elemento, que possui impulsos incontroláveis, podendo erguer-se em fúria e destruir tudo à sua passagem.

Escorpião torna seus nativos muito sensíveis e excita as emoções e as sensações. A água desenvolve poderosamente os sentidos interiores e assim os escorpianos são intuitivos, sensitivos e extremamente psíquicos, possuindo faculdades telepáticas e metagnômicas. Ninguém os engana com facilidade e costumam sentir com intensidade as vibrações das pessoas e dos ambientes, demonstrando súbitas e inexplicáveis simpatias ou aversões.

Em quase todas as criaturas que nascem em signos de água, pode-se observar muita passividade e muita submissão a indivíduos ou circunstâncias. Estes nativos são fatalistas e geralmente desistem de lutar quando se convencem de que sua estrela é adversa. O escorpiano é diferente, não tem nada de submisso e não costuma abandonar o campo de batalha antes da decisão final, seja ela favorável ou negativa. É enérgico, dinâmico e ambicioso, e para derrubá-lo é preciso mais do que um destino adverso. É ainda a água que inclina aos sonhos, às divagações e às fantasias mais ricas e variadas, desenvolvendo extraordinariamente a imaginação; assim, ela pode determinar os indivíduos de maravilhosa capacidade criadora, como os escorpianos Dostoiévsky, Keats e Júlio Dinis, como também pode originar os tipos inertes, que vivem mergulhados em seu mundo de sonhos, ou os crédulos e fanáticos, que acreditam que gato preto dá azar, ou não hesitam em seguir os conselhos de qualquer ledor de bola de cristal.

Energia

Escorpião é um signo de vibração inquieta e intensa e, como Casa sucedente do zodíaco, dá aos seus nativos a tarefa de aperfeiçoar e aplicar. Como este setor zodiacal é de ritmo estável, suas vibrações se tornam mais profundas e poderosas, o que vem dar aos escorpianos uma natureza dinâmica, inspirada e ativa, temperada, ao mesmo tempo, com muita prudência, muita lógica e muito senso prático.

O nativo de Escorpião tem desenvolvida capacidade criadora e realizadora, tanto podendo bastar-se a si mesmo, como estando apto para secundar outros elementos que têm poder para criar, mas não têm habilidade ou energia para estruturar e concretizar seus projetos. Todo escorpiano é entusiasta, apaixonado e parcial; quando ama está pronto para perdoar todas as falhas e debilidades, mas quando odeia é o mais severo dos juízes. Quando se apaixona por uma idéia ou quando resolve se dedicar a qualquer tarefa, lança-se a ela de corpo e alma, sem medir esforços e sem se deixar amedrontar pelos obstáculos. Apesar, porém, de sua natureza ardorosa é bastante prático e utilitário, não se deixa cegar pelo entusiasmo excessivo e sempre procura adaptar as situações à sua melhor conveniência.

Os nativos dos signos de água são muito afetivos e dedicados, e estão sempre dispostos a sacrificar-se por um ideal ou por uma criatura. O escorpiano não foge à regra, mas ele protege, cuida e complementa sem se deixar absorver, e sem anular sua consciência e sua vontade, em virtude de sua personalidade enérgica e positiva, que recebe menos as vibrações do elemento água e mais a poderosa irradiação de Marte, regente deste signo.

Polaridade

Escorpião é um signo de polaridade negativa ou feminina. Os termos positivo ou negativo, feminino ou masculino, quando empregados em relação a signos ou planetas, não indicam sexo, debilidade ou exaltação, mas são, apenas, as classificações de duas espécies de energia: chama-se positivo, ativo, ou masculino o planeta ou setor zodiacal que possui energia cinética e, portanto, impulsiona ou emite; enquanto passivo, negativo ou feminino é aquele que tem energia estática e que recebe ou absorve.

A polaridade de Escorpião dinamiza a sensibilidade e, somada às vibrações do elemento água, desenvolve a intuição e proporciona grandes faculdades mediúnicas. Determina afetividade, sociabilidade e generosidade. O escorpiano distribui seu afeto e sua proteção aos fracos, velhos, doentes, crianças e animais, sem distinção. Está sempre pronto para ouvir as mágoas e confissões de todos os seus amigos, e gosta de aconselhar e dar sugestões. É incapaz de permanecer indiferente aos problemas das criaturas humanas que o rodeiam e, embora sem tomar parte ativa, jamais assiste um drama ou ouve uma discussão sem se colocar ao lado de um dos contendores.

Os signos passivos determinam forte aversão à cólera, à força, à violência ou à brutalidade. Não se deve esquecer, porém, que Marte, cuja vibração é intensa, belicosa e agressiva, é o regente deste setor zodiacal, o que vem dar aos escorpianos um forte instinto de luta, uma personalidade também agressiva e belicosa, e uma natureza decidida e valorosa. Os escorpianos inferiores, em virtude da vibração marcial, reúnem os vícios desse planeta e do elemento água, sendo intrigantes, maliciosos, rancorosos, cruéis, frios e destrutivos, e quando não podem resolver seus problemas pela intriga recorrem à força bruta.

A presença de Marte neste signo de polaridade feminina vem tornar os escorpianos voluntariosos, rebeldes e dominadores; vem, também, dar-lhes uma certa contradição em suas atitudes e, assim, ora eles demonstram as tendências agressivas do seu regente, ora são cordiais e amáveis como os que nascem em signos líquidos.

Ritmo

Sendo Casa sucedente, Escorpião é um signo de ritmo estável. No concerto cósmico universal, o ritmo tem três manifestações: é evolutivo no tempo, formativo no espaço e cinético no movimento. Suas duas forças básicas, movimento e inércia, ou seja, impulso e estabilidade, criam uma terceira manifestação que funciona como agente de equilíbrio ou transição, que é o ritmo mutável.

A constante rítmica de Escorpião é estável. Em virtude dessa qualidade fixa de seu signo, o escorpiano tem uma natureza determinada, persistente, realizadora, objetiva e constante; jamais deixa de terminar qualquer tarefa que lhe caiba, não teme as responsabilidades, por maiores que sejam, e possui uma espantosa capacidade de trabalho. É muito cauteloso e a prudência é sempre a orientadora de seus impulsos entusiastas e de sua vontade ambiciosa. Devido às características próprias do elemento água ele é afetivo, sentimental e místico, mas, em razão de sua constante rítmica ele também, ao mesmo tempo, possui muito senso prático, coloca a razão acima da emoção, quando os problemas não o afetam diretamente, e só acredita naquilo em que deseja acreditar.

A palavra-chave deste signo é *renovação*, o que indica sua tendência para reestruturar, aperfeiçoar e transformar. Induzido pela vibração inquieta de Marte e pela própria essência cósmica deste setor zodiacal, que parece estar em permanente estado de ebulição, e também em virtude da influência do elemento água, que sempre prende o indivíduo ao passado e aos ancestrais, o escorpiano é um misto de evolucionista e conservador, e sua tendência é a de transformar a estrutura conservando o espírito.

A estabilidade rítmica deste signo vem dar um sentido ainda mais importante à missão que lhe cabe dentro do zodíaco, pois Escorpião, embora preso ao passado, caminha sempre em direção ao futuro e sendo a Casa da morte, determina também o Renascimento. Impelido pelo entusiasmo, mas dirigido pela prudência, o escorpiano é inspirado por um sentimento ardente e audacioso, mas age com a lentidão e a constância de quem sabe que só o tempo pode consolidar qualquer transformação.

Fecundidade

Escorpião é um signo fecundo e, normalmente, deveria fazer com que seus nativos fossem igualmente férteis e pudessem ter um grande número de filhos. Nem sempre, todavia, isso acontece, pois a Lua, que é quem governa a multiplicação das espécies, está exilada nesse setor zodiacal. Assim, a fertilidade do escorpiano nem sempre será muito grande, e o maior ou menor número de filhos, em seu destino, dependerá dos aspectos planetários no momento do nascimento e, também, de seu cônjuge.

Em muitos escorpianos a fecundidade se manifesta de outro modo, dando-lhes um grande número de amigos, afilhados e protegidos, e tornando-os os orientadores de inúmeras pessoas de personalidade instável e vontade débil. Assim, além de estar sempre ligado aos parentes, aos amigos e aos colegas, o escorpiano também é procurado por todos os que se sentem desanimados, falidos ou frustrados.

Nos escorpianos positivos e evoluídos, a inteligência poderosa também se beneficia com a qualidade fecunda do Escorpião, que vem trazer-lhes uma imaginação sem limites e uma extraordinária capacidade criadora, conforme podemos verificar no vasto e genial trabalho de Voltaire, Axel Munthe, Cellini, Picasso,

Sholom Asch e Paganini, todos nascidos sob as estrelas do Escorpião.

Vitalidade

O signo de Escorpião é um dos setores zodiacais que mais intensamente dinamizam o corpo físico de seus nativos, dando-lhes grande vitalidade, extraordinário poder de recuperação e muita resistência a todas as moléstias.

O escorpiano tem a faculdade de se restabelecer do mais grave dos males em tempo espantosamente curto. Suas células se reconstituem ou se regeneram também em tempo brevíssimo, facilitando a cicatrização de qualquer ferimento. Sua aura é muito magnética e também tem pronunciado poder vital. Certos aspectos astrológicos aumentam essas qualidades e existem muitos escorpianos que têm o poder de curar os doentes mediante sua simples presença ou o toque de suas mãos.

Figura simbólica

Tendo como símbolo um escorpião, Escorpião é considerado um signo animal. Pode proporcionar beleza física a seus nativos, mas quase sempre determina um corpo anguloso, e feições duras e pouco expressivas. O olhar magnético é a principal característica do escorpiano puro e seus olhos, que podem ser muito bonitos, lembram os de uma ave de rapina e impressionam por sua mirada penetrante e hipnótica. Os zootipos mais comuns dos nativos deste signo são a águia e a serpente.

Escorpião também é classificado como signo violento. O adjetivo violento, empregado em relação aos signos ou planetas, significa força criadora, impetuosa e invencível, que não conhece obstáculos ou repressões. No homem superior essa força o torna apto a realizar as mais extraordinárias tarefas. No homem inferior este potencial energético poderá transformar-se em elemento de destruição. O escorpiano deve refrear seus impulsos violentos e deve lembrar-se de que sempre sofrerá os reflexos de seus próprios erros, pois o escorpião é o único animal que injeta em si mesmo seu próprio veneno.

Urano em Escorpião

Urano é um planeta quente, elétrico e de vibrações intensas, revolucionárias e transformadoras. Sob sua influência o homem sente o impulso de anular todas as barreiras, destruir os limites do tempo e do espaço, desprender-se das raízes que o prendem à Terra, aos ancestrais e aos bens materiais, e partir, livre, em busca de novos mundos.

Embora Escorpião possua certa qualidade conservadora, sua natureza é inquieta, curiosa e renovadora. Oferece, portanto, campo magnético muito favorável a Urano, que aqui encontra sua exaltação, vindo beneficiar os escorpianos com suas vibrações, dando a eles ilimitadas possibilidades científicas e intelectuais, e proporcionando-lhes um insaciável desejo de perfeição.

Lua em Escorpião

A Lua, que geralmente se sente bem nos signos de água, não encontra campo magnético favorável às suas irradiações neste signo, que tem a regência de Marte, seu inimigo.

As vibrações lunares dão muita sensibilidade, muita afetividade e desenvolvem a imaginação e a capacidade criadora. Os escorpianos, de acordo com as vibrações planetárias de seu nascimento, podem ter essas qualidades lunares, mas em muitos casos, em virtude do exílio da Lua, eles se mostram egoístas, sentimentalmente frios, pouco imaginativos e materialistas.

Plutão em Escorpião

Astrologicamente, e também astronomicamente, Plutão é uma incógnita. Parece, todavia, possuir as qualidades de Marte em grau sublimado, podendo ser considerada superior sua manifestação. Como Netuno é a oitava superior de Vênus, Urano é a de Mercúrio.

Escorpião, por sua natureza estranha, parece ter todas as condições para ser o trono zodiacal de Plutão, o planeta que está fundamentalmente associado à era atômica. Não nos parece fora de propósito que Marie Curie, uma das figuras mais significativas na história da física nuclear, tenha nascido sob as estrelas de Escorpião.

Síntese cósmica

Escorpião é um setor zodiacal que sofre as mais contraditórias influências. Pertencendo à água, cuja natureza é móvel, ele tem uma constante rítmica estável. Possuindo polaridade feminina ele é dominado por um planeta poderosamente masculino. Sendo, ainda, um signo de água, tem como regente Marte, que pertence ao elemento fogo. Desse modo, é um signo de extrema inquietude, que oferece justamente o ambiente necessário para o caminho que conduzirá aos quatro signos finais, últimas etapas da evolução de Adam Kadmon, o homem arquetípico.

Escorpião faz parte da mística Cruz do Mundo, que é composta pelos signos de ritmo estável: Touro, Leão, Escorpião e Aquário. Estes signos, cujas figuras também servem de símbolo para os quatro evangelhos, marcam o meio das estações, e representam o período de equilíbrio e absorção que existe entre o começo e o fim de todas as coisas.

Estes quatro signos também estão representados na Esfinge, que tem corpo de touro (Touro), garras de leão (Leão), cauda de serpente (Escorpião) e cabeça humana (Aquário). Os nativos de Escorpião, por mais longo que seja o seu caminho evolutivo, um dia terão que desligar-se de si mesmos e integrar-se na humanidade, pois em suas mãos está a chave dos mistérios representada pela Esfinge, e em seus ombros repousa o peso da Cruz do Mundo.

O ESCORPIANO

Como identificar um escorpiano

Olhos penetrantes
Vigor físico
Reservado
Símbolo: o escorpião
Planeta regente: Plutão (Marte, antigo regente)
Casa natural: Oitava
Elemento: água
Qualidade: fixa
Regiões do corpo: sistema reprodutor, cólon
Pedra preciosa: topázio
Cores: preto, marrom-escuro
Flor: crisântemo
Frase-chave: eu desejo
Palavra-chave: renovação
Traços da personalidade: reservado, sarcástico, inquieto, heróico, ciumento, vingativo, emotivo, obsessivo, magnético, teimoso, investigativo, determinado
Países: Bavária, Coréia, Paraguai, Marrocos

Coisas comuns regidas por Escorpião: psiquiatria, legados, répteis, reciclagem, sala de descanso, toalete, empreendedor, morte, detetive, espionagem, heresia, açougueiro, dinheiro

Regeneração e degeneração

Existem estranhas relações entre os astros e os homens, e para estudar uma delas vamos nos reportar à história bíblica que conta como o homem foi lançado fora do Éden, por Eva ter cedido à tentação de uma serpente, e de ter comido e dado a comer a seu companheiro, Adão, da maçã que encerrava o conhecimento do Bem e do Mal. Fora da habitual interpretação bíblica, podemos ver a serpente como Kundalini, que pode levar o homem ao plano divino, através do poder mental, ou pode jogá-lo no abismo mortal das paixões, através do desejo sexual, ou seja, de todos os desejos materiais; assim, misticamente, a serpente está associada à regeneração ou degeneração do homem, à sua volta ao paraíso perdido ou ao seu mergulho definitivo no caos.

Escorpião, que no zodíaco representa a Casa da morte e, automaticamente, a Casa do Renascimento Espiritual, é o signo onde o homem *deve* fazer a escolha final, *deve* procurar o caminho que o conduza aos planos superiores, pois junto a ele, no céu, está a mais misteriosa e significativa das constelações: Ofiúco, *o homem da serpente*. Astrologicamente, Ofiúco não merece consideração, mas, para quem se detém a observar a íntima ligação que existe entre o homem e o Universo, esta constelação tem a mais alta importância, pois ela atravessa a eclíptica, separando Escorpião e os sete primeiros signos dos quatro últimos setores zodiacais, onde justamente estão encerradas todas as conquistas intelectuais, artísticas, científicas e sociais do homem civilizado, e todas as virtudes do homem evoluído.

Parece estranho que o caminho de aperfeiçoamento representado pelo zodíaco seja cortado pela Casa da morte, antes de atingir os quatro últimos signos. Também parece estranho que o caminho de sofrimento de Adam Kadmon tenha se iniciado com a tentação da serpente e que, ao transpor os limites finais de Escorpião, antes de penetrar nas quatro etapas finais, o homem tenha que deparar-se com Ofiúco, dominando a serpente com suas mãos. Tudo isto parece indicar que Escorpião é um dos mais importantes setores zodiacais, pois é nele que se processa a escolha final. Os que já evoluíram, que já possuem o conhecimento do Bem e do Mal, já subjugaram a serpente, podem passar por ele porque já estão preparados para os mistérios maiores; os que ainda não sabem distinguir a luz das trevas terminam seu caminho na Casa da morte e começam tudo novamente.

Aos escorpianos cabe uma responsabilidade imensa, pois são os guardiões, os vigias do portal atrás do qual está o homem da serpente. É por essa razão que todo nativo de Escorpião tem muita consciência de suas ações e comete erros quando quer, pois geralmente sabe muito bem o que faz. Seu gênio colérico muitas vezes o leva a tomar atitudes perigosas; como seu poder de raciocínio é rapidíssimo, antes mesmo de dar o segundo passo ele já sabe que o primeiro foi errado, mas, por sua teimosia, dificilmente retrocede, causando prejuízos a si mesmo e aos outros.

O nativo deste signo deve controlar seus impulsos violentos, deve apurar seus sentimentos e procurar desenvolver todas as superiores qualidades de Escorpião, pois tem à sua frente o mais importante de todos os problemas: ou transforma as misteriosas e poderosas vibrações que seu signo lhe dá como instrumento de regeneração e elevação, e se prepara para a grandiosa etapa final, ou destrói-se, arrastando outros em sua queda.

O lutador

Os signos de terra e de água possuem polaridade passiva, ou feminina, e geralmente dão, aos seus nativos, um temperamento comodista, resignado, fatalista e pacífico. Isto não acontece com Escorpião, cujas irradiações são poderosas, intensas, inquietas e, muitas vezes, violentas, refletindo-se de igual modo no temperamento dos que nascem sob sua proteção.

Todo escorpiano é um lutador. Só se submete a uma condição de vida ou de trabalho em desacordo com suas preferências, quando ela lhe traz alguma compensação social ou financeira, ou quando é obrigado a ficar com ela por amor a uma criatura. Não se deixa abater pela derrota, não lamenta as batalhas perdidas, e sempre procura tirar o melhor partido de todas as situações, mesmo das piores. É absolutamente correto e jamais engana a quem quer que seja, mas castiga duramente todo aquele que pretende enganá-lo.

Escorpião dá aos seus nativos uma coragem física tão grande quanto sua fortaleza moral. Encaram sem temor os maiores perigos e não temem as responsabilidades, por mais graves e pesadas que sejam. São muito afetivos e emotivos, mas a dor também não os derruba, e superam transes que geralmente abalariam outros tipos astrológicos.

São independentes, rebeldes, caprichosos e dominadores, mas, por amor, deixam-se conduzir docilmente. São orgulhosos ao extremo, não gostam de pedir favores a ninguém e preferem passar fome a estender a mão para alguém, estranho, parente ou amigo. Sua vontade é forte, positiva e obstinada. Uma vez iniciada uma tarefa, não a abandonam enquanto não a julgam perfeita e acabada. São dotados de espantosa persistência, têm uma capacidade de trabalho muito grande, e não se assustam nem com o esforço físico nem com o esforço mental, estando, de corpo e alma, preparados para as mais extraordinárias realizações.

O poder oculto

O signo de Escorpião, como os dois outros signos de água, Câncer e Peixes, costuma proporcionar estranhas faculdades psíquicas aos seus nativos. Os escorpianos podem não ser médiuns no sentido comum da palavra, podem não ser classificados como paranormais pelos modernos pesquisadores dos fenômenos psíquicos, mas vivem com seus sentidos interiores sempre alertas, numa espécie de vigília constante.

O respeito e até mesmo o medo de tudo aquilo que existe além das fronteiras da morte está sempre presente em todo nativo de Escorpião. Nenhum outro tipo astrológico tem, como o escorpiano, uma noção tão real e uma consciência tão viva das formas e das forças imateriais. São raros os nativos deste signo que adotam uma filosofia materialista e negam a vida após a morte; quase todo escorpiano crê na reencarnação, ou pelo menos crê na existência de um outro mundo, de uma outra dimensão povoada de criaturas etéreas, algumas hostis e outras amigáveis.

Apesar de sua natural inclinação para crer na imortalidade da alma, na pluralidade das existências, e na possibilidade de uma intercomunicação entre os que aqui estão e os que já se foram, o escorpiano não é crédulo nem fanático. Sempre procura aumentar seus conhecimentos e entrar em contato com pessoas entendidas no assunto, mas dificilmente se deixa enganar por espertalhões, está sempre em guarda contra os mistificadores, e nunca deixa que sua vontade de acreditar ofusque seu raciocínio.

Em virtude da extrema sensibilidade psíquica provocada pelo elemento água, o nativo de Escorpião tem, como já dissemos, os seus sentidos interiores bastante desenvolvidos. Pressente os fatos bons e maus, e pode sentir agudamente a aura das criaturas, hostilizando-se ou harmonizando-se com elas, sem nenhuma razão aparente. Antipatiza ou simpatiza com casas, ruas, cidades, móveis, ambientes, etc. Costuma atribuir qualidades benéficas ou maléficas a roupas, sapatos, objetos de adorno, etc., não usando ou conservando nada que lhe pareça trazer má sorte. Se foi criado numa religião e depois transferiu sua fé para outra, jamais abandona inteiramente a primeira, mantendo por ela o mesmo respeito e o mesmo temor.

A despeito, pois, de sua desenvolvida inteligência, de sua mentalidade científica e de seu raciocínio claro e lúcido, o escorpiano é também um místico e sente necessidade de atribuir uma origem divina a tudo e a todos, pois sua mente não admite a existência da criação sem um Criador. Em virtude de sua predisposição para crer, ele freqüentemente consegue estabelecer um contato maior com os planos superiores e, mesmo quando não obtém esse contato, é sempre espiritualmente bem assistido e bem orientado.

A mulher de Escorpião

A mulher nascida sob as estrelas de Escorpião é tão valorosa, audaciosa, combativa e enérgica quanto os homens que nascem nesse signo. Todas as qualidades e vícios pertencentes ao homem de Escorpião são encontrados também na mulher de Escorpião, que tanto sabe ser da mais intensa dedicação como pode demonstrar uma personalidade egoísta e cruel.

Toda mulher de Escorpião tem uma sensibilidade muito desenvolvida, um psiquismo intenso, e é extremamente afetiva, carinhosa e dedicada. Possui, também, forte magnetismo sexual e geralmente tem plena consciência disso, utilizando-o como arma quando pretende conseguir algo. Certas escorpianas podem ser extraordinariamente bonitas, mas esta beleza nunca se assemelha à das mulheres nascidas em outros setores do zodíaco. A beleza das nativas deste signo bem que poderia ser classificada de "diabólica", e elas gostam de acentuar essa impressão, usando roupas sabiamente escolhidas, e sabendo andar e mover-se com graça toda especial. Essas características, que são bem notadas na famosa atriz Vivian Leigh, uma das belezas mais típicas de Escorpião, que é seu signo natal, acentuam-se nas escorpianas nascidas entre 23 e 31 de outubro, primeiro decanato deste signo; as que nascem nos demais dias, embora tenham os mesmos atrativos, sabem usá--los com mais discrição.

Da mesma forma que seus irmãos de signo, a escorpiana é extraordinariamente possessiva e absorvente. Costuma dar-se de corpo e alma, e exige retribuição integral. É extremamente ciumenta, embora jamais confesse esse sentimento. É orgulhosa e rebelde, mas, ao mesmo tempo, sensível e amorosa. Sua fidelidade é absoluta, e sempre coloca seu lar e sua família acima de todas as coisas no universo. Da mesma forma que a nativa de Câncer, vê sua própria imagem refletida nos filhos, e é capaz de dar sua vida por eles.

Nas mulheres deste signo também está presente a poderosa força intelectual irradiada pelas estrelas de

Escorpião. Na Arte, na Literatura ou na Ciência, as escorpianas trabalham lado a lado com os homens, conforme o provaram Marie Curie, a grande figura da física nuclear, Selma Lagerlof, escritora sueca, prêmio Nobel de Literatura, Juana Inês de La Cruz, a freira poetisa, considerada como a décima Musa e chamada a Fênix mexicana, a cientista Lisa Meitner, com seu extraordinário trabalho sobre a relação entre os raios Beta e Gama, e Angélica Kauffman, a mais famosa pintora da Europa do século XVIII, todas nascidas sob a poderosa irradiação de Escorpião.

Amor e orgulho

Por amor o escorpiano é capaz de enfrentar o mundo; por orgulho pode se condenar a uma vida de sofrimento, pois prefere morrer a ceder. Naturalmente, os tipos mais evoluídos nunca chegam a tais extremos: sabem onde param os limites da honra, e onde começam os domínios da teimosia e assim, neles, o orgulho é nobre, natural e nunca prejudicial.

O nativo de Escorpião tem uma personalidade contraditória, que oferece uma curiosa mescla de abnegação e utilitarismo, fraternidade e egoísmo, humildade e prepotência. Quando deseja realizar algo se lança para diante com o entusiasmo típico de Marte; como, porém, possui grande raciocínio, suas temerárias arremetidas são quase sempre coroadas de êxito, pois obedecem a um plano, e nunca são apenas determinadas pelos impulsos de momento.

Está sempre disposto a sacrificar-se pelas criaturas a quem ama, ou a dar toda a sua vida por um ideal; quando, todavia, é contra uma idéia, uma pessoa, ou um empreendimento, ninguém consegue arrancar-lhe um sorriso, um centavo ou um aperto de mão.

Escorpião é o signo dos extremos e seus nativos raramente conhecem a moderação e o meio-termo. Embora seja sempre prudente e calculista, o escorpiano não hesita em abandonar fortuna e posição, tanto por amor como por orgulho. Ama ou odeia sem limites, mas dificilmente tolera. Constrói de acordo com seus padrões ideais, aperfeiçoa o que não lhe agrada, e destrói ou abandona tudo o que não está conforme seus desejos. Obedecendo aos seus sentimentos é capaz de praticar o gesto mais sublime, ou o ato mais cruel, sem se importar com as conseqüências.

Nos tipos mais evoluídos estas tendências se manifestam de modo muito suave, pois Escorpião está situado entre dois signos de paz, que lhe enviam suas vibrações: Libra, que rege a cooperação, e Sagitário, que governa as relações humanas. Assim, estes escorpianos, conservando toda a ardente personalidade própria de seu signo, também são generosos, compreensivos e humanitários, sabendo entender seus semelhantes, perdoar seus erros e reconhecer suas virtudes.

O ferrão de Escorpião

Autodegeneração ou auto-regeneração são qualidades próprias de Escorpião. O escorpiano jamais se corrompe ou se regenera por influência de terceiros; pode corrigir seus vícios sozinho, ou esquecer a virtude e mergulhar no erro, sem que ninguém seja responsável por sua atitude.

Este signo proporciona uma inteligência muito viva, e ninguém melhor do que o escorpiano para descobrir as falhas e pontos fracos de seus adversários, e utilizá-los quando lhe convém. Sendo capaz dos atos mais quixotescos, por amor ou amizade, o nativo de Escorpião é também um inimigo implacável, frio e impiedoso e, para seu próprio mal, quase nunca desiste da vingança.

Escorpião é um signo mudo, não dando suavidade à voz ou às palavras de seus nativos. Por essa razão, muitos escorpianos podem chocar ou magoar por sua linguagem ferina ou crua; sua língua ácida, sua crítica e seu espírito satírico podem ferir tão cruelmente quanto o ferrão do animalzinho que serve de símbolo a este setor zodiacal. Muitas vezes, em virtude de sua deficiência na ato de falar, os nativos dos signos mudos não conseguem expressar-se de acordo com suas reais qualidades. É aconselhável, portanto, que todo nativo de Escorpião procure suavizar sua linguagem, tornando-a delicada, atraente e elevada, fazendo dela um espelho de seu grande valor íntimo.

Apesar de sua personalidade enérgica e dinâmica, muitos nativos deste signo costumam sentir os reflexos da violenta oposição determinada pelos elementos fogo-água, ou seja, pela união Marte-Escorpião. Estes escorpianos sofrem crises de instabilidade, vacilação e depressão, e seu coração se enche de dúvidas e temores. Nada lhes parece certo, o mundo se lhes afigura hostil e cheio de incompreensão e são acometidos pelo desejo de abandonar tudo e todos, ou sofrem violenta queda de vitalidade, tornando-se cansados e desanimados. Nos tipos evoluídos e equilibrados estas crises são raras, mas certos escorpianos as sofrem com freqüência e, como não gostam de demonstrar nenhuma classe de fraqueza ou indecisão, escondem seu sofrimento interior sob uma capa de agressividade.

Síntese

Representando a Casa da morte, Escorpião revela, logo de início, sua extrema importância na evolução da criatura humana, que é imortal em sua essência. Nos misteriosos domínios de Escorpião processa-se o renascimento espiritual, a iluminação interior, a iniciação para os graus mais elevados, que levarão o indivíduo de volta ao mundo divino onde teve origem.

Touro, Leão, Escorpião e Aquário são signos probatórios e seus nativos conseguem a elevação através do trabalho e do sacrifício. Estes quatro setores zodiacais, que formam a Cruz do Mundo, dão aos seus filhos uma extraordinária força moral e espiritual, que os capacita a enfrentar com serenidade a grave responsabilidade que lhes cabe no trabalho, não só de criação e estruturação como, também, de complementação e aperfeiçoamento.

Com sua natureza ardente e entusiasta, com sua coragem e honestidade, os escorpianos são tipos valiosos, cheios de magnetismo; eles são positivos, enérgicos e ambiciosos, dinamizam as criaturas mais fracas, dando-lhe o impulso necessário para que caminhem para a frente, e proporcionando, aos tipos vacilantes, o apoio para que possam encontrar a si mesmos. Além de suas qualidades morais, têm poderosa inteligência e desenvolvida sensibilidade, sendo, portanto, donos de todas as virtudes necessárias para construir seu próprio destino.

O DESTINO

Antes mesmo do seu nascimento o homem já começa a se integrar no concerto cósmico universal. Seus primeiros sete meses, três na condição embrionária e quatro na condição fetal, são as sete etapas formativas, no fim das quais está apto para nascer e sobreviver. Os dois últimos meses são dispensáveis, mas a Natureza, mãe amorosa e cautelosa os exige, e só os dispensa em casos extremos, pois a criaturinha que vai nascer necessita fortalecer-se e preparar-se para a grande luta, que se iniciará no momento em que ela aspirar o primeiro hausto de ar vivificante.

Durante os nove meses de permanência no útero materno, de nove a dez signos evoluem no zodíaco celeste. De modo indireto, suas induções são registradas pelo sensível receptor que é o indivíduo que repousa, submerso, na água cálida que enche a placenta. É por essa razão que observamos, em tantas pessoas, detalhes de comportamento que não correspondem às determinações do seu signo natal; isso indica que elas têm uma mente plástica e sensível, e que estão aptas para dedicar-se a inúmeras atividades.

Ao nascer a criatura recebe a marca das estrelas que dominarão o seu céu astrológico e que determinarão seu caráter, seu temperamento e seu tipo físico, além de dar-lhe um roteiro básico de vida. As vibrações percebidas durante a permanência no útero materno, por uma sutil química cósmica, são filtradas e quase totalmente adaptadas às irradiações das estrelas dominantes. As influências familiares e a posição social ou financeira dos progenitores nunca modificarão o indivíduo; apenas poderão facilitar ou restringir os meios que ele terá para afirmar sua personalidade e realizar, de modo positivo ou negativo, as induções do seu signo natal.

Alguém, portanto, nascido entre 23 de outubro e 21 de novembro, provenha de família de rígidos princípios ou de moral relaxada, venha à luz numa suntuosa maternidade ou no canto de uma casa humilde, seja criado com carinho, ou seja desprezado pelos seus, será sempre um escorpiano e terá o destino que Escorpião promete a seus nativos. Este destino será brilhante ou apagado, benéfico ou maléfico, de acordo com a qualidade e o grau de evolução de cada um.

Evolução material

O signo de Escorpião promete a seus nativos uma vida movimentada e cheia de acontecimentos; estes acontecimentos quase sempre se relacionarão mais com terceiros do que propriamente com os escorpianos. Como são procurados por todos os desorientados, indecisos, desencorajados e frustrados, terão metade de seu tempo ocupado com os que pedem seu auxílio e orientação; como, também, são ambiciosos, gostam de dinheiro e procuram sempre realizar coisas novas e produtivas, a outra metade do seu tempo será utilizada em seu próprio proveito. Desse modo, a existência que os aguarda é atarefada, útil e abençoada, pois eles vivem cada minuto do tempo que lhes é concedido.

Como já foi dito anteriormente, Escorpião é um signo probatório, e seus nativos conseguem a iluminação espiritual mediante o trabalho e o sacrifício. O escorpiano, a despeito de sua natureza dominadora, possessiva e belicosa, sempre viverá em função dos outros; note-se, todavia, que não é um tipo passivo, e mesmo complementando ou agindo sob a influência de outros tipos astrológicos de grande energia, não se deixará absorver e conservará intacta a sua poderosa personalidade, isto é, servirá, mas nunca será um escravo.

Não sofrerá grandes choques em sua infância, que será pacífica e feliz, não existindo indícios de acontecimentos muito importantes. Somente a partir de sua juventude é que começará a sentir as vibrações de seu signo, e é provável que cedo se liberte da família e procure abrir seus próprios caminhos. Poderá, também, dedicar-se aos estudos ou, simplesmente, a uma vida amena e descuidada, de onde será arrancado bruscamente por algum misterioso acontecimento na família, morte, ou doença de um dos pais ou ruína financeira de seu progenitor. Em qualquer dos casos, desse momento em diante terá que assumir sérias responsabilidades que farão com que se transforme, da noite para o dia, em uma pessoa adulta e capaz.

Escorpião promete muitas lutas para seus nativos, mas promete-lhes, também, grande fortuna e posição elevada, desde que estejam dispostos a fazer valer suas esplêndidas qualidades. Freqüentemente serão prejudicados por seu orgulho, pois raramente pedirão auxílio ou solicitarão os favores de pessoas influentes, que poderiam tornar bem mais rápido o seu sucesso. Cabe-lhes, todavia, a satisfação de saber que tudo o que conseguirem construir será à custa do seu próprio esforço.

A velhice dos escorpianos promete alegria e prazer com os amigos, estabilidade financeira e muita satisfação com os descendentes. Mesmo tendo um começo de vida bastante modesto, o nativo de Escorpião sempre terminará seus dias de modo bastante superior àquele em que veio ao mundo, e todas as conquistas e vitórias poderão ser suas, pois é um dos tipos mais ambiciosos e positivos do zodíaco.

Família

Todos os que nascem em signos de água são sempre muito apegados à família, e são ligados aos seus ascendentes por profundas raízes. Os escorpianos não fogem à regra, habitualmente cultivam todos os laços familiares e gostam de manter relações, convencionais ou íntimas, até mesmo com os parentes mais distantes.

Entre o escorpiano e seus pais tanto poderá existir grande harmonia como profundo antagonismo, pois os progenitores e o nativo deste signo serão dotados de temperamentos completamente diversos. Um dos pais será amoroso, gentil e alegre, ao passo que o outro terá uma personalidade mais reservada e fria. Ambos possuirão um gênio mais compreensivo do que o do escorpiano, e todas as desarmonias que porventura acontecerem serão mais provocadas pelo nativo de Escorpião do que por eles.

Há indícios de discussões ou aborrecimentos com parentes distantes ou amigos muito íntimos, considerados, pelo escorpiano, como pessoas da família. Estes parentes ou amigos interferirão na vida particular e nos assuntos amorosos dos nativos deste signo, o que dará causa a algumas discussões, nas quais o escorpiano poderá fazer alguns inimigos.

Escorpião promete poucos irmãos; estes serão criaturas de gênio reservado e de natureza muito independente, e viverão em relativa harmonia com os escorpianos. Há indícios de que um deles poderá sofrer grave acidente, ou queda ou morrer de modo misterioso. Um deles, também, poderá alcançar grande fortuna ou elevada posição social.

Amor

O destino dos escorpianos freqüentemente promete dois casamentos ou duas uniões, sendo que a primeira tanto poderá ser interrompida por viuvez como por separação, legal ou amigável. No primeiro casamento o nativo de Escorpião raramente será feliz, podendo até mesmo perder seus bens, ou ter seu prestígio e seu bom nome abalados em virtude de ataques e difamações da parte do cônjuge ou de sua família.

O segundo matrimônio promete muita harmonia. Com esta segunda união o escorpiano iniciará a fase favorável de sua existência, em que começará a progredir em sua carreira, em suas finanças e em sua posição social. Aqui se oferece um curioso reverso; quando pelo primeiro matrimônio o nativo de Escorpião for beneficiado com propriedades ou fortuna, o segundo casamento será com pessoa de condição financeira muito modesta, mas que proporcionará muita felicidade.

Sendo casado duas vezes, ou apenas uma, o escorpiano poderá ser perturbado por ataques, críticas ou calúnias de parentes distantes. Ambas as famílias, a sua e a do cônjuge, poderão ser contra o casamento, e algumas inimizades ou ressentimentos surgirão por esse motivo.

Filhos

Os signos da água costumam dar grande fecundidade aos seus nativos. Somente Câncer e Peixes, todavia, proporcionam um razoável número de filhos, pois Escorpião não promete vasta descendência; a Lua, que governa a multiplicação das espécies, está exilada neste signo, isto é, tem seu poder inibido pelos raios violentos de Marte e pela vibração do estéril Urano, que encontra sua exaltação também neste setor zodiacal.

Em virtude destas condições cósmicas, os escorpianos raramente terão mais de dois ou três filhos. Estas crianças serão alegres, sadias, inteligentes e amorosas, mas terão extrema sensibilidade, e sofrerão todos os reflexos de estabilidade ou instabilidade do ambiente doméstico; criados num lar feliz e tranqüilo, elas serão crianças felizes e calmas; criadas num meio perturbado por brigas e discussões, elas serão irritáveis, nervosas, agressivas e inseguras.

Os escorpianos terão algum trabalho com seus filhos, nos primeiros anos ou meses de vida, pois eles poderão sofrer os reflexos de um parto difícil ou prematuro. Com o tempo a saúde se estabilizará, e eles crescerão sadios e vigorosos. Um deles poderá alcançar grande renome na arte, na ciência ou na carreira intelectual.

Posição social

Este signo não promete alterações favoráveis na posição social dos seus nativos, até que estes cheguem aos trinta ou trinta e cinco anos de idade; poderão sofrer mudanças para pior, pois, por um casamento ou união infeliz, estarão sujeitos a ataques, intrigas e calúnias, que abalarão seu prestígio e seu bom nome.

Os escorpianos, geralmente, aparecem como criaturas indiferentes e egoístas, até o momento em que encontram o seu ideal. Daí para diante revelam-se ambiciosos, enérgicos, dedicados e constantes. Esse ideal tanto poderá ser uma carreira, um amor ou um negócio; qualquer uma dessas coisas servirá de estímulo para eles, que sentem necessidade de ter algo ou alguém por quem lutar. É por essa razão que sua fortuna e sua posição social só começam a progredir quando unem sua vida à de outra pessoa, ou quando dão um rumo definitivo à sua carreira ou ao seu trabalho.

A posição social do escorpiano sempre sofrerá os reflexos de sua vida íntima. Qualquer aventura amorosa ou qualquer união ilegal que acontecer depois do seu casamento poderá terminar de modo ruidoso e desagradável, trazendo sérios prejuízos, não só sociais como, também, financeiros.

O signo de Escorpião promete poder, prestígio e elevação, mas o escorpiano deverá sempre agir com prudência e nunca desprezar seus adversários, pois todos os fatos mais delicados ou comprometedores de sua vida serão sempre utilizados por seus inimigos, que farão de sua moral o alvo predileto em todos os seus ataques.

Finanças

Da mesma forma que a posição social, as finanças dos nativos de Escorpião também só se estabilizarão, ou só começarão a progredir realmente, depois de alcançados os trinta ou trinta e cinco anos de idade. Daí para a frente as boas oportunidades surgirão com maior freqüência, os negócios se desenrolarão com maior facilidade, os obstáculos serão superados com esforços menores, e tudo o que o escorpiano fizer trará resultados compensadores.

O orgulho poderá impedir que o sucesso dos nativos deste signo seja tão rápido quanto prometem suas boas estrelas. Por não desejar pedir favores ou empréstimos a pessoas de elevada posição ou grande fortuna, eles sofrerão atrasos em seus empreendimentos, e perderão ótimas oportunidades. A paciência, a tolerância e a moderação no falar nem sempre são dotes dos escorpianos que poderão, por estes defeitos, perder bons negócios, desmanchar sociedades ou desentender-se com pessoas úteis, com resultados desfavoráveis para seus projetos e, conseqüentemente, para suas finanças.

A fortuna vem com relativa facilidade ao encontro dos escorpianos, que tanto obterão sucesso trabalhando sozinhos como associando-se a outros tipos astrológicos. Neste último caso é lógico que deve ser escolhido um sócio de natureza positiva, e nascido num signo cujas vibrações se harmonizem com as irradiações de Escorpião. Associando-se a elementos inferiores ou de vibração desarmoniosa o escorpiano verá a sociedade terminar de modo violento; além dos aborrecimentos conseqüentes, outros danos poderão ser sofridos, pois cada adversário feito nas atividades profissionais será também um inimigo pessoal.

Tribunais e juízes nunca serão muito favoráveis aos nativos de Escorpião, que devem procurar resolver todas as suas questões amigavelmente, pois, mesmo que tenham razão, dificilmente serão beneficiados nos resultados quando quiserem fazer um acordo legal. O destino promete alguns aborrecimentos com papéis e documentos, que devem ser sempre cuidadosamente investigados. As brigas, ou questões com empregados ou pessoas de condição social inferior, devem ser sempre evitadas; embora o escorpiano possa sair delas vitorioso, ganhará inimigos implacáveis e perigosos.

Os escorpianos poderão ser beneficiados com heranças ou legados que tanto poderão provir de sua própria família como da família do cônjuge ou, ainda, poderão ser recebidos por morte deste. Em qualquer destes casos, haverá disputas entre parentes que tentarão fazer com que o nativo de Escorpião não receba o que lhe cabe por direito. Quando quiser tomar posse do que lhe pertence, o escorpiano sempre terá que lutar diretamente, sem confiar em procuradores ou intermediários, estranhos ou da família.

Como este é um signo onde tudo é adquirido pelos próprios méritos do nativo, embora os escorpianos possam receber dinheiro por herança ou casar-se com pessoa de fortuna, sua riqueza será sempre o fruto de seus esforços, de sua inteligência e de sua capacidade.

Saúde

Escorpião proporciona extraordinária vitalidade, e dá aos seus nativos uma saúde excelente, um notável poder de recuperação e uma grande resistência a todas as moléstias. Como, porém, se trata do signo das coisas misteriosas, os escorpianos, principalmente na infância, poderão ser atacados por febres ou males súbitos, de origem inexplicável. Durante toda a sua vida estarão sujeitos a sonhos e pesadelos estranhos, onde serão transportados a lugares distantes, ou falarão com pessoas já falecidas, ou com entidades vindas de planos ou mundos desconhecidos; esses fenômenos oníricos freqüentemente influirão na sua saúde, e toda vez que sonharem coisas desagradáveis ficarão com os nervos tensos, serão dominados por forte irritação e terão sua capacidade de trabalho sensivelmente diminuída.

Escorpião rege a bexiga, a uretra, a próstata, os órgãos genitais, e as funções de geração e movimento. Com aspectos favoráveis no momento do nascimento, os escorpianos poderão ter estas partes e funções beneficamente dinamizadas, mas com aspectos adversos estarão sujeitos a sofrer de todas as enfermidades do aparelho geniturinário, além de impotência, esterilidade ou, ainda, dificuldade para andar ou mover alguma parte do corpo.

Marte governa a cabeça, o cérebro, os olhos, os músculos e os glóbulos vermelhos do sangue. Também rege os órgãos genitais e sua influência intensifica, maléfica ou beneficamente, as determinações oferecidas por Escorpião. Os que nascem nesse período podem sofrer anemia, fraqueza, dores de cabeça, enxaquecas e inflamações, ferimentos e males de toda espécie no rosto, nos olhos e na cabeça. Como lembrança de um acidente, queda, ou intervenção cirúrgica, eles podem ter várias cicatrizes, especialmente na cabeça e no rosto.

Touro, signo oposto a Escorpião, pode determinar sensibilidade na garganta, inflamações nas amígdalas, disfunção da tiróide, doenças venéreas, histeria, diabetes, hidratação excessiva e tendência para engordar. O misterioso signo de Escorpião também domina os acontecimentos e criaturas minúsculas e maléficas, e os escorpianos estão sujeitos a mordidas ou picadas de pequenos animais, cobras e insetos de toda espécie, assim como, também, luxações, torceduras, inflamações e febrículas sem origem determinada; alguns destes acidentes ou males poderão causar grave incômodo, mas outros servirão para perturbar os escorpianos sem, no entanto, diminuir sua atividade ou prejudicar sua capacidade de trabalho.

E, em certas ocasiões, felizmente bastante raras, alguns escorpianos poderão sofrer perigo de morte por acidente, fogo, água ou ingestão, deliberada ou acidental, de tóxicos, soporíferos, etc. Poderão correr, também, o risco de roubo seguido de agressão física, ou ataques violentos e traiçoeiros de inimigos. Naturalmente, estes acontecimentos atingem um número muito pequeno de escorpianos, e o máximo que a maioria terá que temer será uma quantidade razoável de brigas, devido ao seu temperamento rebelde.

Dominando sobre os órgãos genitais, este signo pode conduzir alguns nativos, de vontade débil e temperamento negativo, aos excessos sexuais ou, então, aos prazeres solitários, com conseqüências imensamente maléficas para a saúde. A inatividade sempre faz mal aos nativos de Escorpião, e uma existência isolada e sem objetivo também pode provocar os excessos sexuais, ou depressão e neurastenia. Para ter excelente saúde, os escorpianos precisam de bastante exercício, muitos passeios ao ar livre, bastante riso e bom humor e, principalmente, uma vida ocupada, útil e proveitosa, em que possam pôr em ação toda a sua maravilhosa energia.

Amigos

Os que nascem sob as estrelas de Escorpião geralmente têm um vasto círculo de relações, mas seus amigos são poucos. Apesar de sua natureza sociável, o escorpiano é muito exigente na escolha de seus companheiros. Apesar, também, de estar sempre disposto a ouvir confissões, é muito reservado no que concerne aos seus negócios e à sua intimidade; esta é uma atitude sábia, pois as confidências que fizer nem sempre cairão em ouvidos apropriados, e mais tarde serão usadas em seu prejuízo.

Os nativos dos signos de água são muito presos ao passado. O escorpiano, embora sendo mais liberal que o canceriano e o pisciano tradicionalistas, também demonstra igual inclinação e, devido a isso, considera-se obrigado a cultivar a amizade de pessoas pelas quais não sente a menor atração, apenas pelo fato de serem relações de sua família.

Uma pessoa bastante íntima, incluída no rol dos amigos mais estimados, poderá envolver o escorpiano em questões desagradáveis. Noutros casos, esta pessoa poderá interferir nos assuntos amorosos ou na vida íntima do nativo de Escorpião, causando desarmonia entre ele e seu cônjuge.

Inimigos

O escorpiano deve se acautelar contra duas classes de pessoas: aquelas de condição subalterna, que deverá empregar para ajudá-lo em suas atividades profissionais ou nos afazeres domésticos, e aquelas de condição social inferior à sua. Os empregados, por mais bem tratados que sejam, sempre retribuirão com ingratidão e rancor. As pessoas de condição social inferior, por educação ou posição, não só causarão prejuízos morais e financeiros como, também, procurarão abalar a felicidade matrimonial deste nativo.

Por motivos políticos, artísticos ou intelectuais, o escorpiano poderá arranjar inimigos violentos, que o perseguirão de todas as formas. As heranças ou as questões de família poderão trazer-lhe alguns adversários, que nem sempre agirão com lealdade, e por questões sem importância certos amigos poderão transformar-se em adversários implacáveis, rancorosos e vingativos.

Viagens

A despeito de ser um signo de ritmo estável, Escorpião promete muitas viagens aos seus nativos. Algumas delas serão bem longas, e por questões ligadas à profissão, por assuntos de família ou por negócios, o escorpiano poderá cruzar o oceano mais de uma vez.

O nativo de Escorpião, cujas vibrações determinam sociabilidade e inclinam para o movimento e a atividade, sempre gosta de conhecer novos lugares, novos ambientes e novas pessoas. Qualquer pretexto lhe serve para arrumar as malas, e embora muitas viagens possam não trazer vantagens financeiras, todas elas sempre beneficiarão a saúde.

Em todos os deslocamentos o escorpiano deverá se acautelar contra quedas, ferimentos ou picadas de pequenos animais ou insetos. Durante uma longa travessia, poderá correr o risco de adoecer em terras estranhas ou sofrer ataques, roubos ou acidentes. As viagens que trarão mais sorte serão aquelas feitas de improviso; as que forem longamente planejadas habitualmente trarão mais aborrecimentos do que alegria, e terão um resultado oposto ao esperado.

Durante sua ausência, o escorpiano poderá ser vítima de furtos ou traições de empregados, não sendo conveniente abandonar os negócios por longo tempo em mãos de empregados, ou pessoas que não sejam da mais absoluta confiança.

Profissões

Com seu dinamismo, sua ambição, sua inteligência poderosa e sua inabalável vontade, os escorpianos não encontram portas fechadas aos seus desejos e aspirações. Todas as profissões e atividades em que sejam necessárias a força intelectual, o poder de criar, a capacidade para organizar, a lucidez, a objetividade, a coragem e a constância poderão ser abraçadas por eles; como este signo proporciona múltiplas aptidões, seus nativos terão apenas que escolher a carreira que melhor se adapte ao seu temperamento.

Os assuntos marítimos, a navegação, os transportes por mar ou rio, e os negócios de importação e exportação costumam favorecer os escorpianos, trazendo-lhes fortuna. As atividades relacionadas com a política podem prometer extraordinárias possibilidades, mas trarão, seguramente, inimigos perigosos e implacáveis. A carreira militar também é propícia, e os nativos deste signo poderão alcançar postos ou adquirir grande renome, por livros, ou trabalhos ligados às armas ou à guerra.

Toda ocupação que tenha o seu equivalente hermético costuma atrair os escorpianos, como por exemplo, a Química e a Alquimia, a Astronomia e a Astrologia, a Medicina convencional e a Medicina alternativa, praticada por meio das plantas e das forças da Natureza. Em qualquer desses estudos eles poderão destacar-se, e nas Ciências Herméticas sempre trabalharão para libertá-las de todos os absurdos, e torná-las mais compatíveis com as exigências da lógica e da razão.

Não só os cargos políticos, mas também os públicos, desde as mais altas posições até os postos mais modestos, poderão favorecer os nativos de Escorpião que tanto sabem criar e organizar como complementar com perfeição o trabalho dos outros tipos astrológicos. Eles poderão destacar-se, ainda, na indústria, na engenharia civil ou militar, e em todas as atividades onde intervenham máquinas, movimento mecânico, ferro, fogo e muitos operários. Como Urano está exaltado neste signo, os escorpianos poderão se dedicar, com muito êxito, à Aeronáutica, à Astronáutica, à Televisão ou a qualquer atividade ligada à Eletrônica ou às Pesquisas Nucleares.

Quando se inclinarem para a Arte ou para a Literatura, as produções dos escorpianos serão vigorosas, realistas, simples em suas linhas e sintéticas em seu conteúdo. Como também têm grande vitalidade, e sentem instintivamente que podem beneficiar os mais fracos com sua presença e com o toque de suas mãos, freqüentemente trabalham como massagistas ou enfermeiros em hospitais de cirurgia, em sanatórios para doentes mentais ou nas clínicas para recuperação de paraplégicos.

Em qualquer de suas atividades, o escorpiano sempre gosta de ter companhia e quase nunca trabalha sozinho. Quando é obrigado a isso, desforra as horas de solidão com a família ou com os amigos porque, a despeito de toda a sua energia e coragem, precisa de muito afeto para ser feliz.

Síntese

Em virtude das condições cósmicas determinadas pelas estrelas de seu nascimento, os escorpianos nascem preparados para lutar. Os tipos espiritualmente elevados são místicos, transcendentalistas, conservadores ou revolucionários, mas jamais indiferentes ou passivos; os tipos inferiores são cruéis, materialistas, negativistas, sensuais e utilitários. Ambos, porém, são corajosos, dinâmicos e ambiciosos, pois a covardia e a submissão não encontram lugar nas águas turbulentas de Escorpião, onde tudo é exuberante, tanto para o bem como para o mal.

Os nativos deste signo devem desenvolver suas induções positivas e aparar todos os ângulos negativos, a fim de que possam progredir com maior facilidade. Seu destino nunca é muito leve, e nem poderia ser, pois em seus ombros repousa parte do peso da Cruz do Mundo; cabe-lhe sempre, porém, o sabor da vitória que é inevitavelmente alcançada por todos os que sabem lutar por ela.

A CRIANÇA DE ESCORPIÃO

Na infância, o escorpiano costuma ser a miniatura daquilo em que se transformará quando atingir a idade adulta. Nem todas as criaturas são assim: algumas, quando pequeninas, são tímidas, boazinhas, comportadas e obedientes, e quando crescem se transformam em tipos dominadores e agressivos; outras, que mostram muita rebeldia na infância, acabam se transmutando e adquirindo um temperamento calmo e pacífico. O escorpiano, todavia, mostrará sua verdadeira natureza desde a mais tenra idade, e aquele que for uma criança amável e cordata assim se conservará por toda a vida. Do mesmo modo, todas as manias, tiques, simpatias e antipatias que sentir ou tiver em seus primeiros anos perdurarão para sempre.

O pequeno escorpiano é uma criaturinha extraordinariamente sensível como, aliás, costumam ser todas aquelas que nascem em signos de água. Esta criança sente profundamente as situações dos adultos que a cercam, sua saúde se ressente, e seu sistema nervoso se abala quando vive num lar desequilibrado e infeliz. Desde os primeiros anos de sua existência, a agressividade é a arma que o nativo deste signo usa para esconder suas dúvidas e incertezas; assim, quando encontramos uma criança de Escorpião, cuja rebeldia passa dos limites normais, podemos ter a certeza de que ela se sente insegura e amedrontada.

Deve-se proporcionar a ela um ambiente pacífico e harmonioso no qual ela possa crescer feliz, e no qual possa desenvolver as qualidades positivas deste signo, que são tão elevadas e valiosas.

Geralmente, os adultos servem de modelo para as crianças, que costumam imitar aquilo que mais as impressiona. Há certos tipos astrológicos que sofrem menos a influência das "pessoas grandes", mas o escorpiano a sente de modo ponderável. Ele analisa, critica, despreza o que não lhe agrada e absorve o que acha bonito; absorve e utiliza, assumindo atitudes de pessoa adulta e repetindo com propriedade todas as coisas que ouve. Como possui um extraordinário dom de observação, e como sua inteligência geralmente desperta muito cedo, ele pode surpreender mostrando-se muito avançado para sua idade.

Este signo marca as coisas misteriosas, e a criança que nasce neste período sempre tem algum detalhe estranho para marcar os momentos de sua gestação, o seu nascimento ou a sua infância. Durante seus primeiros anos de vida poderá ser atacada por febres ou males desconhecidos, e tanto a moléstia como a cura poderão ser provocadas por agentes sobrenaturais. Poderá demonstrar grande desenvolvimento dos sentidos interiores, vendo e ouvindo coisas que a deixarão assustada. A coragem é qualidade própria de Escorpião, mas a criança nascida neste signo, por sentir demasiadamente a existência de outros planos e de outras formas de matéria, é capaz de enfrentar um adversário que tenha o dobro do seu tamanho, mas dificilmente dormirá sozinha ou entrará num quarto onde a luz estiver apagada.

Toda criança de Escorpião precisa de muito sol, muito exercício e muito ar puro, e mesmo que sua saúde apresente algumas debilidades nos primeiros meses ou anos de sua vida, logo ela começará a mostrar toda a maravilhosa vitalidade deste signo. Como Marte e Escorpião regem os órgãos genitais, é necessário que a criança receba uma cuidadosa orientação sexual, para evitar, mais tarde, perversões ou inibições.

Escorpião proporciona elevadas qualidades aos seus nativos, mas também lhes dá vícios graves que devem ser corrigidos justamente na infância; deve-se, portanto, ensiná-lo a falar sem ferir, a ser generoso, modesto e prudente, a amar seus semelhantes, e a usar sempre a persuasão ou o afeto em vez de empregar a força. Deve-se, também, aproveitar sua capacidade mental e dar-lhe a melhor instrução possível, pois Escorpião é um signo que proporciona poderosa inteligência, e seus nativos poderão ver seu nome entre os mais ilustres, sempre que souberem aproveitar as superiores vibrações das estrelas que apadrinharam seu nascimento.

O TRIÂNGULO DE ÁGUA

O elemento água manifesta-se em três signos: CÂNCER — ESCORPIÃO — PEIXES. Sua polaridade é feminina e sua natureza é fluente, interpenetrante e plástica. Sua essência, naturalmente, é única, mas em cada um desses três signos ele sofre grandes modificações, de acordo com as seguintes influências:

- Situação zodiacal do signo, como Casa *angular*, *sucedente* ou *cadente*, na qual se manifestará como o agente que impulsiona, que realiza ou que aplica;
- Sua correspondência com as leis cósmicas de equilíbrio, em conformidade com as três modalidades de ritmo: *impulso*, *mutabilidade* e *estabilidade*.

De acordo com a vibração própria de cada signo é fácil saber se o nativo irá viver e agir norteado por suas emoções, por suas sensações ou por seu raciocínio. Isso nos é revelado pela palavra-chave de cada signo. Na triplicidade da água as palavras-chave são as seguintes: Câncer, IMPRESSIONABILIDADE — Escorpião, RENOVAÇÃO — Peixes, INSPIRAÇÃO. Unindo-se estas palavras às determinações proporcionadas pela colocação do signo dentro do zodíaco e por sua modalidade rítmica podemos, então, definir de modo mais completo o triângulo de água.

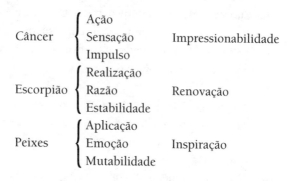

A água, como elemento comum a esses três signos, liga-os intimamente, e o escorpiano, além da influência de Escorpião e de seu regente, Marte, recebe, também, as vibrações de Peixes e Câncer, e de seus respectivos senhores Netuno e Lua. Os nativos de Escorpião recebem, então, as irradiações destes signos e planetas de acordo com a data do seu nascimento. Marte rege todo o signo de Escorpião, mas tem força especial durante os primeiros dez dias dos trinta que correspondem a este signo; Netuno tem influência participante nos dez dias seguintes, e a Lua colabora na regência dos dez dias finais. Dessa forma os escorpianos se dividem em três tipos distintos, que são os seguintes:

Tipo ESCORPIANO–MARCIANO
nascido entre 23 e 31 de outubro

Tipo ESCORPIANO–NETUNIANO
nascido entre 1º e 10 de novembro

Tipo ESCORPIANO–LUNAR
nascido entre 11 e 21 de novembro

Durante todos os dias que integram o período que vai de 23 de outubro a 21 de novembro a influência da água é extremamente poderosa. Em todos esses dias Escorpião é a constelação que se levanta com o Sol, ao amanhecer; oito horas mais tarde Peixes surge no horizonte, e decorrido igual espaço de tempo chega a vez de Câncer. Dividindo-se, então, o dia em três períodos iguais, vemos que os três tipos escorpianos se transformam em nove, mediante a combinação da hora e da data de nascimento. Estudando esses nove tipos, ou nove faces de Escorpião, podemos interpretar com mais acerto a inteligente e magnética personalidade dos escorpianos.

AS NOVE FACES DE ESCORPIÃO

Tipo Escorpiano–Marciano

Data de nascimento: entre 23 e 31 de outubro

Qualidades: coragem, determinação, ambição
Vícios: orgulho, indiferença, sensualidade

Hora natal: entre 6h e 13h59m

Neste decanato e principalmente neste primeiro período de oito horas nascem os escorpianos mais típicos de todo o signo. São inteligentes, magnéticos, rebeldes, voluntariosos e orgulhosos, sua capacidade de ação é imensa, sua vontade é poderosa e sua energia é extraordinária, mas lhes falta, com freqüência, a objetividade e o frio raciocínio dos seus irmãos de signo; esta primeira face de Escorpião apresenta um aspecto tipicamente marciano, impulsivo, imprudente e ardente, seus nativos muitas vezes são prejudicados por sua própria impetuosidade.

Os tipos positivos nascidos neste período são dotados de um poderoso magnetismo pessoal, e sabem dominar e atrair todas as criaturas. Seus tipos negativos são muito perigosos; cruéis, frios, orgulhosos e vaidosos, querem dominar a todo custo e não se importam em magoar seus semelhantes.

Hora natal: entre 14h e 21h59m

As influências deste momento cósmico são mais moderadas e suaves, e aqui nascem escorpianos mais tranqüilos, afetuosos e prudentes. Estes nativos às vezes demonstram muita instabilidade íntima e possuem um temperamento bastante variável; ora são agressivos, enérgicos e ambiciosos, ora são dominados por crises de apatia ou melancolia, que se refletem desagradavelmente em sua saúde, em sua vida pública e em seus negócios.

Os escorpianos que nascem neste período devem aproveitar estas elevadas vibrações, pois elas somam a força agressiva à sensibilidade; unindo duas coisas tão antagônicas num mesmo sentido criador ou realizador estes escorpianos poderão realizar tarefas extraordinárias. Muitos deles poderão desenvolver grandes dotes mediúnicos, e terão a faculdade de dar saúde e vitalidade aos doentes, mediante sua presença ou o simples toque de suas mãos.

Hora natal: entre 22h e 5h59m

Neste período nascem as mais estranhas personalidades de Escorpião. Seus nativos são extremamente suscetíveis, parecem possuir os nervos à flor da pele e se irritam com muita facilidade. São amorosos, dedicados e sociáveis, mas às vezes se tornam bruscos e hostis; possuindo extrema sensibilidade psíquica, não sabem separar o intangível do material, e assim seus nervos sofrem o reflexo de um fenômeno que eles não chegam a perceber conscientemente.

Este período proporciona grandes qualidades aos seus nativos, que podem dedicar-se tanto às atividades científicas como às intelectuais ou artísticas, pois são dotados de poderosa inteligência e grande sensibilidade, bastando apenas desenvolver seus dotes naturais. Estas influências também prometem fortuna e prestígio em qualquer atividade política, artística ou comercial, que exija uma aproximação direta com o povo.

Tipo Escorpiano–Netuniano

Data de nascimento: entre 1º e 10 de novembro

Qualidades: coragem, determinação, inspiração
Vícios: perversão, indiferença, orgulho

Hora natal: entre 6h e 13h59m

Os nativos deste segundo decanato de Escorpião possuem uma natureza menos agressiva do que a dos seus irmãos de signo, mas, assim mesmo, seu temperamento é bastante violento e dominador.

Os escorpianos aqui nascidos são inteligentes, sensíveis, refinados e exigentes. A maldade, a fealdade e a grosseria são coisas que os repugnam. Amam a perfeição e sempre procuram encontrá-la, e, mesmo quando se entregam a uma atividade que nada tenha de artística ou sensível, não é raro que, nas horas vagas, procurem dedicar-se a algum trabalho no qual possam dar vazão à sua inclinação para a arte, e ao seu culto pela beleza e pela perfeição.

As influências cósmicas aqui presentes podem determinar uma personalidade muito contraditória e seus nativos necessitam de muita compreensão e afeto.

Hora natal: entre 14h e 21h59m

Nesse horário nascem duas classes de escorpianos: uns que são alegres, frívolos, vaidosos, e outros que são concentrados, retraídos e calmos. Os primeiros têm suas emoções à flor da pele, choram e riem com grande facilidade, e são muito superficiais em suas afeições e pensamentos. Os outros são sinceros e positivos, e sua personalidade é firme e enérgica.

Os escorpianos pertencentes ao primeiro tipo dificilmente conseguem realizar algo de proveitoso, pois, unindo as induções cósmicas deste momento com as vibrações naturais do signo, eles estão sempre muito ocupados com sua própria pessoa, não lhes sobrando tempo para realizar coisas mais úteis. Os escorpianos do segundo tipo sempre são vitoriosos, e nada está fora do alcance de sua inteligência e de sua prodigiosa capacidade de trabalho, concentração e raciocínio.

Hora natal: entre 22h e 5h59m

Todos os escorpianos que nascem do anoitecer para o amanhecer sempre são mais objetivos, calmos e racionais que seus irmãos de signo. Possuindo a mesma intensidade emotiva são, no entanto, amparados por um raciocínio mais frio e uma mente mais prática.

Os nativos deste período são muito apegados à família e às coisas que lhes pertencem, e sentem ciúmes até de seus amigos prediletos. São sensíveis, emotivos e românticos, mas, ao mesmo tempo, desconfiados, céticos e práticos; comovem-se com qualquer história triste, mas nunca misturam a emoção com a razão. São muito supersticiosos, acreditam em milagres e maravilhas, mas só confiam naquilo que vêem com seus próprios olhos. São tipos agradáveis, humanos, generosos e afetivos, e suas virtudes são sempre maiores do que os seus defeitos.

Tipo Escorpiano–Lunar

Data de nascimento: entre 11 e 21 de novembro

Qualidades: energia, imaginação criadora, coragem
Vícios: orgulho, sensualidade, perversão

Hora natal: entre 6h e 13h59m

Os escorpianos pertencentes ao terceiro decanato deste signo são muito afetivos, sensíveis e atraentes. Possuem uma vitalidade menos intensa do que a dos nativos do primeiro decanato mas, assim mesmo, ainda conservam, em certos casos, o poder de transmitir saúde àqueles que têm um físico mais fraco.

Os que nascem neste período possuem uma natureza dinâmica, ambiciosa e enérgica. Sua capacidade de trabalho é enorme e sua resistência física é muito grande; costumam, com freqüência, abusar de suas próprias forças e com isso prejudicam gravemente seu organismo. As influências cósmicas deste período dão muita objetividade e senso prático aos seus nativos, e estes escorpianos não terão dificuldades para vencer em seus empreendimentos, pois saberão onde encontrar recursos quando deles necessitarem, e como superar obstáculos, quando estes surgirem.

Hora natal: entre 14h e 21h59m

Este período carrega vibrações muito elevadas e seus nativos, quando evoluídos, são dotados de inspirada mente, capaz de produzir obras geniais ou de realizar trabalhos extraordinários, no campo da Ciência, da Arte, da Assistência Social ou da Cultura.

Estes escorpianos costumam sentir forte inclinação para os estudos ocultos e para as pesquisas relativas à existência do homem antes e depois da morte, e quase sempre seus esforços são coroados de êxito. Possuem, também, uma imaginação criadora muito poderosa e, se o quiserem, poderão obter sucesso na literatura, no teatro ou na poesia: seus trabalhos lhes darão prestígio rápido, pois estas vibrações determinam grande popularidade.

Os tipos negativos nascidos neste período são vaidosos, sensuais e materialistas. Outros, muito crédulos e de vontade débil, poderão cair nas mãos de falsos médiuns ou videntes, que levarão seu dinheiro e causarão sérios aborrecimentos.

Hora natal: entre 22h e 5h59m

Os escorpianos nascidos nesse horário são muito humanos, generosos e sociáveis. Vivem sempre preocupados com sua família, seus filhos, seus amigos e quase nunca têm tempo para pensar em si mesmos. Apesar de seu temperamento dominador, são muito carinhosos e sabem mandar sem magoar. Nos tipos positivos aqui nascidos, a língua ferina determinada por Escorpião já se mostra consideravelmente domesticada, mas, ainda assim, conserva sua capacidade para criticar com extrema agudeza.

Este é um período onde as águas turbulentas de Escorpião aparecem bem mais mansas e agradáveis. Os escorpianos aqui nascidos, além de possuírem as qualidades naturais deste signo, também recebem poderosamente os reflexos lunares que lhes dão imaginação criadora, inspiração, simpatia e bondade. Seus tipos negativos são intrigantes, maliciosos e frios, e espalham a discórdia, a dúvida e a infelicidade.

ESCORPIÃO E O ZODÍACO

Harmonias e desarmonias no plano das relações de amizade, de amor e de negócios entre os nascidos em Escorpião e os nascidos nos outros signos

Nenhum ser humano vive protegido por uma campânula de vidro, livre do contato direto com seus semelhantes. No lar, na convivência com amigos ou no trato dos negócios estamos constantemente interagindo com inúmeras pessoas; algumas nos agradam porque têm um temperamento igual ao nosso ou porque nossas predileções são idênticas; outras não nos são simpáticas porque representam o oposto do que somos ou do que desejaríamos ser. Devemos aprender a conhecer nossos irmãos zodiacais e a apreciar suas qualidades. Observando-os poderemos, então, saber se aquilo que neles existe e que nos parece ruim talvez seja melhor do que o que existe em nós. Assim, o que seria motivo para antagonismos passa a atuar como fator de complementação e aperfeiçoamento.

Dentro da imensidão de estrelas que povoam a galáxia chamada Via Láctea, nosso Sol é um modesto astro de quinta grandeza, que se desloca vertiginosamente rumo a um ponto ignorado do Universo, carregando consigo seus pequeninos planetas com os respectivos satélites; dentro, porém, do conceito igualitário do Criador, esse diminuto Sol e a insignificante Terra, com seus habitantes mais insignificantes ainda, têm uma importância tão grande quanto o incomensurável conjunto de nebulosas e seus bilhões de estrelas.

Somos átomos de pó comparados com as galáxias e as estrelas, mas cada um de nós é um indivíduo que vive e luta. Para nós, nossos próprios desejos, predileções, antipatias e simpatias têm uma magnitude infinita. Temos de enfrentar problemas dos quais dependem nossa felicidade e sucesso. Para resolvê-los, precisamos, quase sempre, entrar em contato com muitas outras pessoas que pertencem a signos diferentes do nosso.

Amor, amizade e negócios são os três ângulos que nos obrigam à convivência com outros tipos astrológicos. Analisando-os, estudaremos o construtivo signo de Escorpião em relação aos demais setores do zodíaco. Conhecendo as qualidades positivas ou negativas dos nativos dos outros signos, o escorpiano poderá encontrar a melhor fórmula para uma vivência feliz, harmoniosa e produtiva.

ESCORPIÃO–ÁRIES. Áries é um signo de fogo, sua constituição é quente e seca, sua constante rítmica é impulsiva e sua polaridade é positiva, ou masculina. Pertencendo ao elemento água, Escorpião tem uma constituição frio-úmida, sua constante rítmica é estável e sua polaridade é feminina, ou passiva. A despeito destas oposições, a influência de Marte, que é o regente de ambos, faz com que escorpianos e arianos tenham um temperamento bastante semelhante, dando-lhes audácia, decisão, coragem, agressividade e ambição.

Os arianos, todavia, são mais inconstantes, freqüentemente distribuem sua atenção entre várias atividades, e embora sejam dotados de brilhante inteligência, raramente têm a objetividade necessária para cristalizar suas idéias ou, então, conservá-las por muito tempo; neste ponto diferem dos escorpianos que não abandonam uma tarefa enquanto não a terminam, e zelam pela conservação daquilo que constroem.

A união entre nativos de Áries e Escorpião poderá trazer resultados muito favoráveis para ambas as partes. Quando elementos negativos se juntarem, então os prognósticos já serão bem diferentes: Escorpião e Áries são signos de violência, e os choques entre seus nativos, de vibrações inferiores, poderão ser imensamente maléficos e até mesmo mortais.

Os arianos não apreciam a covardia, a fraqueza e o temor. Orgulhosos e dominadores, lhes agrada ajudar o próximo, mas só concedem um favor quando este é pedido em termos e atitudes respeitosas.

Amor — Os matrimônios entre escorpianos e arianos poderão ser perturbados por inúmeras brigas e discussões, principalmente por ciúmes. O escorpiano exige fidelidade absoluta e não admite que o cônjuge divida sua atenção ou seu afeto com outras pessoas. Como o ariano nem sempre gosta de se amarrar à vida doméstica e dificilmente renuncia à sua liberdade, ambos terão uma vida íntima pouco harmoniosa, que poderá até mesmo terminar em separação amigável ou judicial.

Os melhores aspectos para os matrimônios observam-se para os escorpianos nascidos entre 23 e 31 de outubro; este primeiro decanato de Escorpião recebe a influência pura de Marte, o que torna seus nativos muito semelhantes aos arianos. Os escorpianos dos outros dois decanatos, que recebem as influências participantes de Netuno e da Lua, não serão muito felizes quando se casarem com alguém nascido em Áries que não tenha uma natureza bem evoluída.

Amizade — Para as relações fraternas, onde não existe a obrigação dos laços matrimoniais ou o compromisso de uma associação comercial, os prognósticos oferecidos a arianos e escorpianos são bem mais favoráveis. Como Áries e Escorpião determinam temperamentos muito semelhantes, seus nativos poderão conviver harmoniosamente; quando, todavia, as amizades forem desfeitas, os dois poderão tornar-se adversários implacáveis.

Os escorpianos devem evitar qualquer convivência ou intimidade com arianos de condição social inferior, pois poderão ser imensamente prejudicados em sua moral e em suas finanças. Os nativos de Escorpião nascidos nos dois últimos decanatos deste signo, entre 1º e 10 e entre 11 e 21 de novembro, devem ter muita cautela em suas relações com arianos negativos; estes decanatos são regidos por Netuno e Lua, respectivamente, e suas vibrações não se harmonizam com as irradiações de Áries.

Negócios — Tanto os arianos como os escorpianos têm uma grande capacidade para criar e organizar, uma inteligência viva e poderosa, e uma natureza enérgica e ambiciosa. O escorpiano, todavia, é muito mais constante e laborioso, e consegue realizar muito mais do que o brilhante e entusiasta nativo de Áries. As associações entre ambos poderão favorecer especialmente os arianos, que terão nos nativos de Escorpião os elementos ideais para complementarem sua vibrante personalidade.

Qualquer briga ou discussão entre os sócios deverá ser sempre resolvida de modo amigável; quando as questões forem levadas aos tribunais os resultados poderão favorecer os escorpianos, mas estes terão, nos arianos, inimigos implacáveis, que procurarão prejudicá-los de todos os modos.

Os aspectos mais favoráveis para os negócios são encontrados quando os escorpianos se associam a arianos nascidos entre 21 e 30 de março.

ESCORPIÃO–TOURO. No zodíaco, os signos que se opõem também se complementam; Touro representa, para Escorpião, a Casa das associações comerciais ou conjugais e é, teoricamente, seu complemento perfeito.

O regente de Touro, Vênus, e o senhor de Escorpião, Marte, cosmicamente representam os dois pólos de energia sexual, a feminina e a masculina. As uniões afetivas relacionadas entre elementos nascidos nestes dois signos, embora possam não ser muito pacíficas, sempre serão sexualmente harmoniosas.

Touro é um signo de terra e sua vibração cristaliza, condensa, limita e age no sentido de conservar a estrutura e a forma; em virtude dessas condições, os taurinos são lentos, metódicos, prudentes e objetivos. Recebem a inquieta irradiação de Marte, sendo o signo de exaltação de Urano, e sofrem também as induções de Plutão, que é o mais importante agente cósmico da era nuclear; Escorpião tem uma vibração intensa, e sua irradiação necessita das limitações impostas por Touro para não se transformar em força de destruição.

Na vida de todo aquele que nasce sob as estrelas de Escorpião sempre existirá alguém, cônjuge, irmão ou amigo, que representará essa força repressiva de Touro. Esse alguém, mesmo que não tenha nascido sob a influência de Touro, será o elemento moderador que impedirá o escorpiano de cometer muitas imprudências.

O taurino é bondoso e sensível. Quem precisar de seu auxílio não terá que esperar muito para ser atendido. Cuidado, porém, com os tipos negativos: estes tiram muito mais do que dão.

Amor — Todos os casamentos realizados entre nativos de Escorpião e de Touro trazem muita harmonia física, ou sexual, mas só trazem felicidade quando ambos os elementos são bastante evoluídos. Nos casos comuns, embora existindo grande afinidade material, as brigas são constantes e violentas, principalmente quando o homem nasce em Touro, que tem a regência de Vênus, e a mulher nasce em Escorpião, que tem a regência masculina de Marte. A despeito de todas essas brigas, taurinos e escorpianos raramente se separam, pois são magneticamente unidos pela atração cósmica determinada por Vênus e Marte.

Os aspectos que mais favorecem um matrimônio feliz observam-se quando os escorpianos nascidos entre 23 e 31 de outubro se afeiçoam a alguém que tem sua data natal entre 21 e 29 de abril, primeiro decanato de Touro, que recebe a influência pura de Vênus e melhor se harmoniza com Escorpião.

Amizade — Não existindo afinidade sexual, interesse comercial, artístico ou literário, ou algum motivo muito forte para mantê-los juntos, escorpianos e taurinos não se procurarão com muita freqüência. As amizades estabelecidas entre esses dois tipos astrológicos nunca serão muito profundas ou íntimas, embora possam ser agradáveis e até mesmo úteis para ambos.

Como Marte está exilado em Touro, que é o signo onde Urano também se debilita, os taurinos se opõem frontalmente às tendências dos escorpianos, nunca existindo entre eles grande identidade de pensamentos ou ideais. Os escorpianos poderão ser muito prejudicados quando se unirem a taurinos negativos, cujas vibrações inferiores poderão dinamizar excessivamente a energia sexual contida em Escorpião. As relações estabelecidas com taurinos evoluídos serão sempre benéficas para os nativos deste signo, que necessitam de uma força que modere sua natureza inquieta.

Negócios — Para Escorpião, Touro representa a Casa das associações, tanto afetivas como comerciais. Escorpianos e taurinos poderão ter imenso êxito quando se associarem, principalmente se souberem escolher uma atividade que seja favorável a ambos.

Os taurinos são extremamente inteligentes e têm grande força de vontade, mas às vezes pensam muito antes de realizar seus empreendimentos e assim perdem excelentes oportunidades. Os escorpianos, mais dinâmicos e apaixonados, podem dar-lhes o entusiasmo que necessitam para realizar seus projetos, e o resultado será muito favorável para ambas as partes, pois estas associações costumam trazer fortuna e prestígio em pouco tempo.

Por questões de dinheiro ou por documentos e papéis, os sócios poderão acabar perante os tribunais; neste caso, os escorpianos devem ter cautela, pois nunca serão favorecidos quando lidarem com juízes e tribunais.

ESCORPIÃO–GÊMEOS. Gêmeos é um signo de ar, de constituição quente-úmida, e sua natureza é inquieta e vibrante. Representa a inteligência e, com seu duplo símbolo, a figura dos dois gêmeos, indica o homem divino e o homem mortal, e a luta entre o espírito e a matéria. Escorpião, que a despeito de suas águas turbulentas e agitadas tem uma natureza estável e constante, não se harmoniza materialmente com Gêmeos; mentalmente, porém, estes dois signos têm grande afinidade e suas vibrações desenvolvem extraordinariamente a energia mental e as faculdades psíquicas.

Enquanto os escorpianos são laboriosos, constantes, obstinados e práticos, os nativos de Gêmeos, embora utilitários e sagazes, são buliçosos e evasivos como o metal que leva o nome do seu regente, Mercúrio. Os nativos de Escorpião apreciam a exatidão, a pontualidade e o método; os geminianos são fundamentalmente inimigos de tudo quanto possa limitá-los ou sujeitá-los ao tempo e ao espaço. Assim, do mesmo modo que os signos, seus nativos, embora se harmonizem mentalmente, nunca terão muita afinidade material.

No horóscopo mensal dos escorpianos o signo de Gêmeos ocupa o setor zodiacal correspondente à Casa da morte, o setor da regeneração ou degeneração. Toda a influência negativa que Gêmeos exercer sobre os escorpianos poderá trazer-lhes irremediáveis prejuízos espirituais e materiais.

Quem precisar de um geminiano deve esperar um momento favorável, pois ele ora é generoso ora é indiferente; dará seu apoio a quem necessitar, de acordo com seu estado mental e com as circunstâncias do momento.

Amor — No casamento realizado entre um escorpiano e um geminiano é necessário que ambos sejam tipos muito elevados para que possa existir felicidade. Mercúrio, regente de Gêmeos, e Marte, senhor de Escorpião, são duas forças que se hostilizam, e nem sempre o belicoso Marte consegue vencer o pequenino e ágil Mercúrio.

Unindo-se a um geminiano, os escorpianos correm o risco de ver seu casamento desfeito por separação, amigável ou judicial, ou interrompido por viuvez. No primeiro caso devem cuidar-se para não sofrerem prejuízos financeiros e morais, principalmente se a separação for litigiosa. O espírito de crítica e a língua ferina são dons nem sempre benéficos dos escorpianos e geminianos negativos; devido a isso, a vida matrimonial desses casais será sempre perturbada por inúmeras brigas e discussões, que só serão interrompidas quando ambos se unirem para atacar ou criticar terceiros.

Amizade — Embora sejam um pouco mais favoráveis do que os oferecidos para o matrimônio, os prognósticos encontrados para as amizades entre escorpianos e geminianos também não são muito propícios. Ambos os nativos são inteligentes, possuem suas concepções próprias, não desistem de seus pontos de vista, têm uma personalidade rebelde e gostam de discutir e argumentar: por essa razão, as relações entre ambos serão sempre tensas e geralmente acabarão sendo desfeitas de modo brusco.

Deve ser evitada toda convivência muito íntima com geminianos de vibração inferior, pois Mercúrio pode perverter mentalmente e exercer maléfica influência conduzindo à autodestruição. Os geminianos negativos, nascidos entre 9 e 20 de junho, serão particularmente perigosos para os escorpianos: este decanato de Gêmeos é governado por Urano, cuja vibração é muito hostil a Marte.

Negócios — As profissões e atividades regidas por Mercúrio quase nunca se harmonizam com aquelas que são protegidas por Marte. Assim, escorpianos e geminianos terão que escolher bem quando resolverem estabelecer uma sociedade, caso contrário não terão nenhuma possibilidade de êxito.

Em todas as uniões entre protegidos de Marte e Mercúrio sempre poderão surgir questões relacionadas com dinheiro, papéis e documentos de toda espécie. Quando nativos de Escorpião e Gêmeos se associarem, todos os papéis devem ser bem estudados antes, para que depois os sócios não se desentendam e sejam levados a questões que trarão danos a ambos.

Os escorpianos mais favorecidos nas uniões comerciais estabelecidas com os geminianos são os nascidos entre 11 e 21 de novembro; este decanato é governado pela Lua que, além de dar extrema habilidade comercial aos seus protegidos, também se harmoniza muito com Mercúrio.

ESCORPIÃO–CÂNCER. Escorpião e Câncer são signos que pertencem à mesma triplicidade, que é a do elemento água, o que vem estabelecer uma relativa afinidade entre seus nativos. Como, todavia, Marte, o regente de Escorpião, e a Lua, senhora de Câncer, possuem naturezas que se opõem de modo violento, nunca existirá uma harmonização completa entre escorpianos e cancerianos.

Aqueles que nascem sob as estrelas de Câncer são amáveis, generosos, comunicativos e sociáveis. Em virtude das influências cósmicas atuantes em Câncer, que é o signo que domina sobre a mais importante das instituições humanas, a família, seus nativos têm extraordinária capacidade afetiva, e são compreensivos e sensíveis. Vivendo sempre presos ao passado, mas tendo os olhos postos no futuro, os cancerianos cultuam seus ancestrais, sacrificam-se por seus descendentes e sempre têm um pouco de afeto para distribuir aos que se aproximam deles.

Os tipos superiores de Câncer, que recebem a pura e elevada vibração lunar, além da poderosa imaginação criadora e da desenvolvida inteligência, ainda possuem uma sensibilidade psíquica extrema, e podem exercer benéfica influência sobre todos os que os rodeiam. Os cancerianos negativos são muito perigosos e espalham a discórdia, a dúvida e a infelicidade.

Os nativos de Câncer são muito humanos e bondosos. Quem necessitar de seu auxílio sempre será atendido, principalmente se tiver alguma história triste para lhes contar.

Amor — O canceriano geralmente só se estabiliza na vida quando une sua existência à de uma outra pessoa. O casamento é o marco inicial de suas conquistas, e é só depois dele que o seu destino toma rumo definitivo. Afeiçoando-se a alguém nascido em Câncer, o escorpiano pode ter a certeza de que sua vida também prosperará e seu cônjuge será fiel, dedicado e amoroso; para ter uma vida inteiramente feliz, deverá dominar seu gênio, a fim de que pequenas questões não venham a perturbar a harmonia doméstica.

Durante uma viagem mais ou menos longa, o nativo de Escorpião poderá ter seu casamento desfeito ou seriamente comprometido por intrigas provocadas por pessoas da família ou amigos muito íntimos. Os melhores aspectos para o matrimônio são para os escorpianos nascidos entre 11 e 21 de novembro: esse decanato recebe a influência participante da Lua, que sendo também a regente de Câncer, determina muita afinidade entre estes escorpianos e os cancerianos.

Amizade — O canceriano é sempre um dos melhores amigos do zodíaco embora às vezes seja um pouco convencional e preste muita atenção às formalidades sociais e às gentilezas recebidas ou retribuídas. Como companheiro, ele está sempre presente nas horas agradáveis e jamais falta nos momentos difíceis, onde faz questão de contribuir tanto com seu apoio espiritual como com sua ajuda material.

O escorpiano também costuma ser um excelente companheiro e assim, entre ele e o nativo de Câncer, poderão estabelecer-se relações muito íntimas, duradouras e agradáveis. Como esses dois signos dão inclinação para os estudos ocultos e as pesquisas psíquicas, cancerianos e escorpianos poderão dedicar-se a essas pesquisas com resultados surpreendentes. Para os escorpianos nascidos em qualquer um dos decanatos, a companhia de cancerianos inferiores será sempre maléfica e trará grandes prejuízos não só à sua saúde e às suas finanças como, também, ao seu espírito.

Negócios — Escorpião e Câncer favorecem tanto os trabalhos intelectuais, científicos ou artísticos como, também, as atividades comerciais, e seus nativos, associando-se, poderão obter sucesso e fortuna em pouco tempo. É necessário, naturalmente, que seja escolhida uma atividade favorável a ambos, e nisso residirá a maior dificuldade, pois as profissões regidas por Marte e Escorpião, e pela Lua e Câncer são bastante diversas.

É mais fácil tratar comercialmente com um escorpiano do que conviver com ele intimamente. Embora rebelde e dominador, ele jamais transgride qualquer acordo e sua honestidade é absoluta; o canceriano age de igual modo, e assim as sociedades estabelecidas entre ambos, a não ser pelos choques pessoais que possam ocorrer, jamais serão perturbadas por questões mais graves.

Os melhores sócios para os escorpianos serão os cancerianos nascidos entre 4 e 13 de julho.

ESCORPIÃO–LEÃO. O signo de Leão governa os prazeres, os jogos e a sensualidade. Rege, também, a procriação material e mental, ou seja, os filhos e as obras intelectuais ou literárias. O Sol é seu regente e em virtude de sua irradiação generosa, vital e magnética, os leoninos são criaturas extraordinariamente atraentes e conseguem conviver harmonicamente com quase todos os tipos astrológicos.

Assim como o escorpiano, o leonino pode transmitir vitalidade, curar doentes e dar coragem aos que estão moralmente abatidos. Sua personalidade é jovial, entusiasta e apaixonada, e quase nunca ele sabe amar, odiar, trabalhar ou se divertir com moderação; tudo o que faz é feito de forma intensa e exagerada, diferindo, portanto, do escorpiano, que sempre sabe calcular todas as vantagens e desvantagens de seus atos e pensamentos, e sabe unir a prudência ao entusiasmo.

Leoninos e escorpianos, que têm grandes qualidades, emparelham-se em teimosia, rebeldia, prepotência e orgulho, quando suas vibrações são menos elevadas. Quando tipos positivos se ligam por laços fraternos ou afetivos os resultados podem ser muito benéficos, mas quando tipos inferiores se unem, as conseqüências são às vezes bastante desagradáveis, principalmente para os escorpianos, que pertencem a um signo de polaridade passiva.

Leão dá muita generosidade aos seus nativos. Quem precisar de seus favores deve agir com muita honestidade, pois, apesar de toda a sua bondade, o leonino não admite fraude ou mentira.

Amor — Escorpianos e leoninos geralmente costumam sentir-se fisicamente atraídos um pelo outro, pois seus signos de nascimento têm uma aura magnética muito poderosa; o casamento entre eles, portanto, poderá resultar numa união materialmente feliz, ou seja, sexualmente harmoniosa. A convivência será difícil, pois ambos são rebeldes, teimosos, dominadores e independentes, e será necessário que exista muito amor para que os defeitos comuns sejam superados.

Os escorpianos nascidos entre 21 e 30 de outubro têm maiores probabilidades de um matrimônio feliz, pois esse decanato tem a regência pura de Marte, que se harmoniza bem com o signo de Leão. Para os nativos dos demais decanatos os prognósticos são bastante duvidosos, pois recebem a influência participante da Lua e Netuno, que não se harmonizam muito bem com o signo de Leão e com o seu regente, o Sol.

Amizade — Para as amizades os aspectos oferecidos por Leão e Escorpião são mais propícios do que aqueles que se observam nas uniões amorosas. Como os nativos desses dois signos são muito independentes, geralmente existe maior harmonia entre eles quando nenhum laço os obriga à obediência ou à convivência constante. Como ambos são tipos generosos, expansivos, entusiastas e inteligentes, e gostam de estar sempre ocupados com algum trabalho, as relações fraternas que se estabelecerem entre eles poderão ser altamente benéficas, pois terão um propósito útil e construtivo.

Os escorpianos devem evitar a convivência com os leoninos de moral duvidosa, principalmente quando estes forem de condição social inferior. Sofrendo sua influência negativa, os nativos de Escorpião poderão inclinar-se para uma vida irregular, que trará graves danos para sua saúde e, principalmente, para sua posição social e seu prestígio pessoal.

Negócios — Escorpianos e leoninos são ambiciosos, inteligentes, laboriosos e geralmente têm grande habilidade comercial. As associações entre ambos prometem muito sucesso, especialmente para o escorpiano, que poderá adquirir fortuna e prestígio em qualquer negócio feito sob a irradiação de Leão e de seu regente, o Sol. É prudente observar, porém, que as brigas entre os sócios serão quase inevitáveis, em virtude do temperamento dominador de ambos; entre tipos positivos, que sabem perdoar os defeitos e admirar as virtudes, as associações serão sempre benéficas, lucrativas e agradáveis, mas entre tipos negativos elas acabarão de modo violento.

As uniões mais favoráveis, que mais dinheiro, prestígio e prazer trarão serão aquelas que se estabelecerem entre escorpianos nascidos no terceiro decanato de Escorpião, entre 11 e 21 de novembro e leoninos do primeiro decanato de Leão, nascidos entre 22 de julho e 2 de agosto.

ESCORPIÃO–VIRGEM. Virgem é um signo de terra de constituição frio-seca. Seu regente é o ágil planeta Mercúrio, que possui uma natureza aérea, sensível, inquieta e vibrante, e que parece deslocado nestes domínios de Virgem, onde a força limitadora, constritora e coesiva do elemento terra é tão poderosa.

Os virginianos são muito evoluídos, e pelas determinações cósmicas de seu nascimento também possuem uma tarefa de complementação e sacrifício bastante árdua. Seus tipos superiores são altamente inteligentes, reservados, modestos e concentrados, e têm uma personalidade que impressiona por sua tranqüilidade e segurança. Seus tipos inferiores são muito perigosos: inquietos, instáveis e maliciosos, costumam usar o mágico dom da palavra proporcionado por Mercúrio, para corromper, difamar ou prejudicar seus semelhantes e para espalhar a dúvida e a discórdia.

A convivência com virginianos positivos sempre será muito benéfica para os escorpianos, que costumam absorver as vibrações das pessoas que os rodeiam. Deve ser cuidadosamente evitada toda intimidade com os nativos de Virgem de vibrações negativas, pois estes terão a perigosa faculdade de dinamizar justamente as qualidades materiais ou grosseiras dos escorpianos, trazendo-lhes, assim, danos espirituais e materiais bastante graves.

Os virginianos acham que amparar o próximo é um dever moral. Quem precisar de seu auxílio deve pedir com humildade pois Virgem gosta de amparar os fracos, mas não aprecia os orgulhosos.

Amor — Os casamentos ou uniões entre escorpianos e virginianos só trarão felicidade quando acontecerem entre tipos positivos, que se amem realmente. Teimosia e rebeldia são males comuns a Virgem e a Escorpião, e assim nunca haverá paz nos matrimônios entre seus nativos, a não ser quando exista, também, muita compreensão e muita boa vontade.

É preciso que haja muita cautela na escolha dos amigos, pois o casamento poderá ser gravemente perturbado e até desfeito por intrigas ou calúnias de pessoas íntimas do casal. Quando houver separação judicial, o escorpiano terá que agir com muita prudência, pois os resultados quase sempre favorecerão seu cônjuge, mesmo que este não tenha razão.

Existirá muito pouca paz quando o escorpiano se afeiçoar a alguém nascido entre 2 e 11 de setembro; este decanato de Virgem tem a regência participante de Saturno, que é muito hostil a Marte e a Escorpião.

Amizade — Entre escorpianos e virginianos poderão existir amizades profundas e duradouras, que trarão muito prazer e satisfação. Em muitos casos estas relações fraternas poderão acabar numa associação comercial que será lucrativa para ambas as partes. Noutros casos, escorpianos e virginianos poderão unir-se em algum empreendimento artístico ou intelectual que não dará muito lucro, mas trará bastante prestígio a ambos.

Tanto os nativos de Escorpião como os de Virgem gostam de criticar e nem sempre são suaves ou generosos em suas observações; como nenhum dos dois gosta de ser criticado, as amizades entre eles poderão terminar subitamente e às vezes até mesmo de modo violento. Os escorpianos devem evitar qualquer relação mais íntima com virginianos inferiores, principalmente quando estes têm sua data natal entre 2 e 11 de setembro; esse decanato tem a influência participante de Saturno, que é muito hostil a Marte.

Negócios — O virginiano quase nunca tem energia suficiente para lutar por si mesmo. Os tipos superiores possuem extraordinária capacidade de criação e realização, mas os tipos comuns, embora inteligentes, laboriosos e constantes, sempre necessitam de estímulo para produzir qualquer coisa, por mais insignificante que seja. Impelidos pelo escorpiano, que é enérgico e ambicioso, os virginianos poderão ser sócios excelentes, honestos e capazes. A associação será muito favorável para ambas as partes, desde que seja escolhida uma atividade comum a Escorpião e a Virgem, e a Mercúrio e Marte.

Os aspectos mais positivos acontecerão para os escorpianos nascidos entre 11 e 21 de novembro: este decanato tem a regência participante da Lua, que se harmoniza bem com Mercúrio. Em todas as associações com virginianos, os nativos de Escorpião devem verificar muito bem todos os papéis e documentos, a fim de evitar aborrecimentos futuros.

ESCORPIÃO–LIBRA. O signo de Libra marca o centro do zodíaco e abre o ciclo dos seis signos finais. A partir dos umbrais da Balança, o homem, vivendo em sociedade, ligando-se artisticamente, intelectualmente ou comercialmente aos seus semelhantes e unindo seu destino ao da pessoa amada, deixa de existir sob o domínio do eu e passa a viver em função do nós; integrando-se na corrente cósmica humana, partilhando dos ideais, derrotas e vitórias de todos os seus irmãos, ele inicia, então, a etapa final de evolução neste plano onde vivemos.

Libra é um signo de vibrações generosas e fraternas. Os librianos se harmonizam com quase todos os tipos astrológicos e sabem compreender as falhas, perdoar os defeitos e reconhecer as qualidades de seus semelhantes. Sabem, também, estimulá-los e obrigá-los a dar o máximo de sua capacidade. Os tipos superiores de Libra têm uma qualidade impermeável que lhes confere a faculdade de conviver com qualquer criatura sem absorver seus vícios e suas virtudes. Assim, embora sendo um signo de arte, sensibilidade, ordem e paz, Libra faz com que os librianos possam entender e apreciar os rebeldes e voluntariosos escorpianos, desde que estes estejam cumprindo cabalmente as determinações cósmicas impostas pelas estrelas dominantes na hora do seu nascimento.

O libriano é justo e imparcial. Sente, porém, grande indiferença pelos problemas alheios, e aqueles que solicitarem seu auxílio só serão atendidos se o pedido for muito justo.

Amor — O signo de Libra tem a regência de Vênus, que é o planeta da cooperação e do amor. As vibrações venusianas são muito bem recebidas por Marte, o senhor de Escorpião, o que vem oferecer condições favoráveis para uma grande afinidade física, ou melhor, sexual, entre escorpianos e librianos, prometendo, também, uma descendência razoável.

As brigas e discussões sempre estarão presentes nas uniões entre nativos desses dois signos, pois apesar de sua aparente amabilidade o libriano é tão independente, rebelde e dominador quanto o escorpiano; para que o casamento perdure será necessário que ambos os tipos moderem seu gênio ou acabarão por separar-se, nem sempre amigavelmente.

Os melhores aspectos para o casamento verificam-se para os escorpianos nascidos entre 23 e 31 de outubro, que recebem a influência pura de Marte, que se harmoniza perfeitamente com Vênus.

Amizade — Os librianos são muito exigentes na escolha de seus amigos, mas quando se afeiçoam a alguém costumam pôr às suas ordens tanto sua casa quanto seu coração. Os escorpianos nunca abusam da generosidade de seus companheiros, mas gostam de saber que são queridos e sempre retribuem à altura. Entre esses dois tipos astrológicos poderão estabelecer-se relações muito íntimas e agradáveis que, em muitos casos, poderão se transformar em associações comerciais bastante lucrativas para ambas as partes.

Os escorpianos devem evitar os librianos inferiores, que seguramente trarão graves danos à sua fortuna e ao seu bom nome. Estes elementos poderão intervir em sua vida doméstica, podendo até mesmo fazer com que o escorpiano se separe de seu cônjuge. Os librianos negativos são lascivos e materialistas, e os nativos de Escorpião poderão ver-se envolvidos, inocentemente, em escândalos ou questões policiais ou judiciais.

Negócios — Escorpião é um signo que proporciona grande inclinação para a arte de comerciar. Libra também favorece seus nativos dando-lhes muita habilidade não só para tratar com toda a classe de pessoas como, também, para farejar bons negócios e boas oportunidades. Assim, uma associação entre librianos e escorpianos sempre promete sucesso e fortuna, desde que sejam observados dois pontos: primeiramente os sócios devem aprender a conviver em paz e em seguida devem escolher um trabalho favorável a ambos, pois Escorpião e Libra regem atividades bastante opostas, e tanto os escorpianos como os librianos só costumam ter sucesso quando se dedicam a tarefas que se adaptem à sua natureza.

As questões surgidas entre os sócios devem ser resolvidas amigavelmente; quando levadas aos tribunais, o escorpiano poderá ser favorecido nos resultados, mas ganhará inimigos implacáveis que lhe trarão muita mágoa.

ESCORPIÃO–ESCORPIÃO. As relações entre criaturas nascidas em signos diferentes sempre obedecem às atrações e repulsões desses setores e de seus regentes. Quando, todavia, elas nascem no mesmo signo, essas relações podem ser hostis ou harmoniosas, de acordo com a qualidade moral e espiritual dos nativos. Podem, ainda, obedecer à influência dos decanatos, ou seja, de cada um dos períodos de dez dias em que são divididos os signos.

Escorpião tem a regência principal de Marte e sofre também a influência participante da Lua e de Netuno. O primeiro decanato vai de 23 a 31 de outubro e está sob o domínio exclusivo de Marte; seus nativos se harmonizam bem uns com os outros, mas não têm grande afinidade com os escorpianos nascidos nos demais dias do signo. Os que têm sua data natal no segundo decanato, que vai de 1º a 10 de novembro, recebem a influência participante de Netuno; convivem bem entre si, têm muita afinidade com os que pertencem aos últimos dez dias de Escorpião, mas não se harmonizam com os nativos do primeiro decanato, pois Netuno é hostil a Marte.

Com os que nascem no terceiro decanato, que recebe a irradiação lunar e que vai de 11 a 21 de novembro, acontece o mesmo, isto é, convivem bem entre si, harmonizam-se com os que pertencem ao segundo decanato e são antagônicos aos nativos dos primeiros dez dias de Escorpião.

É difícil enganar um escorpiano. Quem precisar de sua ajuda deverá falar-lhe com absoluta franqueza, sem mentiras ou dissimulações; caso contrário não será atendido, mesmo que o pedido seja justo.

Amor — Os casamentos entre escorpianos serão harmoniosos ou antagônicos, dependendo da qualidade moral e espiritual dos nativos. Entre tipos evoluídos estas uniões serão felizes, prósperas e duradouras, mas entre criaturas inferiores elas serão turbulentas e geralmente terminarão de modo desagradável e violento.

Escorpião dinamiza a energia sexual e esta será a força que manterá a união entre seus nativos; mas, como é uma força de caráter material, não proporcionará nenhuma couraça espiritual e assim essas uniões serão facilmente desfeitas porque serão vulneráveis a toda sorte de ataques.

Os escorpianos nascidos no primeiro decanato, entre 23 e 31 de outubro, estarão sujeitos a uma vida matrimonial bastante tempestuosa se não souberem controlar seu gênio; o matrimônio desses nativos poderá ser arruinado por intrigas amorosas ou, simplesmente, por incompatibilidade de gênios.

Amizade — Os nativos de Escorpião são muito sociáveis, gostam de festas, reuniões, jantares, boas palestras, música, etc., e têm, geralmente, um largo círculo de relações. A despeito disso, têm poucos amigos íntimos, e mesmo com estes são bastante reservados e não costumam fazer confidências ou expor seus problemas e dificuldades a quem quer que seja.

Entre nativos do mesmo signo é fácil existir grande afinidade, principalmente quando ambos pertencem ao mesmo decanato ou quando os planetas participantes dos decanatos se harmonizam. Os escorpianos que nascerem entre 1º e 10 de novembro e os nascidos nos dez dias seguintes, entre 11 e 21 de novembro, poderão unir-se por amizade muito profunda e agradável, pois estes dois períodos são dominados por Netuno e pela Lua, respectivamente, e suas vibrações são muito harmoniosas. Entre estes nativos poderá surgir o interesse pelos estudos ocultos e pelas pesquisas psíquicas, que são favorecidas pelas vibrações lunares e netunianas.

Negócios — O signo de Escorpião dá aos seus nativos muita habilidade para ganhar dinheiro e, com sua laboriosidade, sua ambição, seu senso prático e sua sagacidade, os escorpianos podem obter sucesso em qualquer das atividades dominadas por seu signo e por seu regente, Marte.

Quando dois nativos deste signo se associam raramente haverá o perigo de roubo, pois Escorpião dá muita honestidade aos seus nativos. Será prudente, todavia, investigar todos os papéis e documentos, pois Marte nunca tem muita sorte quando entra nos domínios mercurianos, isto é, quando lida com papéis e, nesses assuntos, os escorpianos poderão ser enganados por terceiros.

Os nativos mais bem dotados para os negócios são os que nascem nos dez últimos dias deste signo, entre 11 e 21 de novembro; este decanato tem a regência participante da Lua, que além de ser comerciante muito hábil, também traz muita popularidade.

ESCORPIÃO–SAGITÁRIO. Sagitário é um signo de fogo, de constituição quente-seca e seu regente é Júpiter; é o primeiro dos quatro últimos signos, e entre ele e Escorpião passa a constelação do Homem da Serpente, o misterioso Ofiúco. É o setor zodiacal que rege todas as coisas que conservam a estrutura social e econômica que o homem construiu penosamente desde que deixou de ser um caçador solitário e resolveu se agrupar em clãs.

O signo de Sagitário domina a Lei, a Ordem, a Hierarquia e a Ética. É o setor zodiacal onde o homem estrutura os códigos que são destinados à defesa da sua segurança e onde os indivíduos são separados em castas ou classes. É, também, neste signo que a fé se transforma em religião com sua ritualística, seus dogmas e sua função mais política e social do que, propriamente, mística.

Mesmo pertencendo a elementos diferentes, ao fogo e à água, Sagitário e Escorpião são signos que se assemelham em muitos pontos, principalmente no desejo de evolução e em sua manifestação, isto é, mediante a conservação da essência e o aperfeiçoamento da estrutura. Assim, embora evolucionistas, estes dois signos têm uma ação moderadora que permite que o caminho seja preparado suavemente para as grandes transformações sociais de Aquário e espirituais de Peixes.

Quem necessitar do favor de um sagitariano poderá pedir que será atendido, desde que escolha o momento e as palavras certas. O nativo de Sagitário é generoso, mas gosta de ser tratado com respeito e consideração.

Amor — Os sagitarianos são amorosos, dedicados, sinceros e ciumentos. Em amor costumam exigir tudo da pessoa que lhes pertence, mas, apesar da sua dedicação, nem sempre retribuem na mesma moeda, pois gostam de viver livremente e não se sujeitam muito a laços e compromissos.

Os casamentos entre escorpianos e sagitarianos só deverão ser realizados quando existir muito amor, pois como ambos são tipos rebeldes e voluntariosos a união acabará sendo violentamente desfeita. Para o nativo de Sagitário, o matrimônio só é perfeito quando, além da afinidade física, nele exista também uma grande comunhão espiritual; o escorpiano que se unir a um sagitariano menos evoluído, quando não for muito amado por seu cônjuge ou não corresponder ao seu ideal, poderá ver-se abandonado sem maiores considerações. Em muitos casos, o matrimônio com um nativo de Sagitário poderá trazer grande fortuna ao escorpiano.

Amizade — O sagitariano não sabe viver sem amigos, gosta de ter companhia constante, e é um grande apreciador das conversas cultas, das discussões políticas ou esportivas e das competições intelectuais. O escorpiano também aprecia as mesmas coisas e entre ambos poderão surgir amizades agradáveis e úteis.

Por intermédio de um nativo de Sagitário, o escorpiano poderá obter favores de alguma personalidade ou poderá ser auxiliado em seus empreendimentos por pessoas de prestígio político ou de grande fortuna. Para não perder seus amigos sagitarianos, que poderão ser de grande valia, o escorpiano deverá abster-se de criticá-los, pois eles se magoam facilmente.

Os nativos de Sagitário, quando negativos, são lascivos, orgulhosos, egoístas e materialistas. Os escorpianos devem evitar sua companhia, que poderá trazer graves prejuízos à sua moral e à sua fortuna.

Negócios — Os sagitarianos são muito inteligentes, têm grande capacidade para organizar e dirigir, sabem fazer-se obedecer e sempre se destacam em todos os cargos de grande responsabilidade. Apesar de todas essas qualidades não são comerciantes muito hábeis; raramente levam a maior vantagem nas compras ou nas vendas e freqüentemente são ludibriados por espertalhões. Associando-se aos escorpianos, que são sagazes e maliciosos, os benefícios serão grandes para os nativos de Sagitário.

Em virtude das condições cósmicas determinadas por seu nascimento, os escorpianos têm sua fortuna estreitamente relacionada às atividades protegidas por Sagitário, que são bastante semelhantes às dominadas por Escorpião. Escolhendo um sócio de vibrações positivas e uma atividade que favoreça a ambos, o escorpiano seguramente alcançará riqueza e prestígio em muito pouco tempo.

ESCORPIÃO–CAPRICÓRNIO. Capricórnio é simbolizado por um animal fantástico, que tem cabeça caprina e corpo de peixe. Por esse simbolismo, embora seja um signo de terra, está cosmicamente ligado à água. Se quiséssemos visualizar um local onde apresentá-lo materialmente, ele nos pareceria deslocado na superfície da Terra, coberta de plantas e flores, com sua vida exuberante, suas florestas e seus campos cultivados, que parecem pertencer inteiramente a Touro e Virgem; mais facilmente conseguiríamos visualizá-lo numa úmida e sombria caverna ou nas profundas camadas terrestres, tendo como trono um caudaloso rio subterrâneo.

Os capricornianos são concentrados, inteligentes, metódicos e persistentes. Sua capacidade de trabalho é imensa, sua força de vontade é inabalável e ninguém consegue fazê-los desistir de seus sonhos ou de suas lutas. Exteriormente são tranqüilos, mas interiormente são iluminados por uma chama ardente que jamais se extingue e que alimenta suas ambições, seu amor e seu ódio. Entre eles e os escorpianos, que também são laboriosos, persistentes, ambiciosos e enérgicos, existem muitos pontos de afinidade. Espiritualmente, porém, não existe grande harmonia, pois Saturno, o severo e frígido regente de Capricórnio, não se harmoniza com Marte, o senhor de Escorpião, e nem com a Lua e Netuno, que participam da regência deste signo.

O nativo de Capricórnio é pouco emotivo e não revela seus sentimentos e emoções. Quem necessitar de seu apoio deverá medir bem as palavras com que for fazer o pedido e também pedir um pouco de ajuda à sorte.

Amor — Os escorpianos são ciumentos, apaixonados, ardentes, exigentes, exclusivistas e quando amam costumam entregar seu corpo e sua alma à pessoa amada, mas sempre querem que ela retribua do mesmo modo. Os capricornianos superiores também são muito afetivos e, embora não apreciem as demonstrações de carinho, são amorosos, ciumentos e dedicados. Os nativos menos evoluídos, porém, são um tanto indiferentes ao puro amor e procuram juntar o útil ao agradável, isto é, quase sempre se casam por interesse, guiando-se mais pelas conveniências do que pelo coração. Unindo-se a um tipo superior o escorpiano poderá ser muito feliz, mas se juntar seu destino ao de um capricorniano negativo sua vida será bem desagradável.

Os melhores aspectos para o casamento verificam-se quando o escorpiano afeiçoa-se a alguém nascido entre 31 de dezembro e 9 de janeiro; esse decanato de Capricórnio é regido por Vênus, que se harmoniza bem com Marte.

Amizade — O capricorniano é muito reservado e não costuma fazer amigos com muita facilidade. Para que estabeleça relações mais ou menos íntimas com alguém é preciso que exista algum motivo muito importante; para os tipos superiores esse motivo, além da simpatia, é a afinidade intelectual, artística ou espiritual; para os tipos inferiores a razão sempre é o interesse, e eles só procuram conviver com quem possa lhes trazer algum proveito social ou financeiro.

Os escorpianos poderão ser muito beneficiados por seus amigos capricornianos quando estes forem tipos positivos; e por seu intermédio poderão travar relações com pessoas de importância social ou financeira, que os ajudarão em seus negócios e empreendimentos. Devem, porém, evitar os tipos inferiores de Capricórnio que, além de interesseiros e egoístas, poderão trazer-lhes alguns prejuízos financeiros.

Negócios — Saturno, regente de Capricórnio, dá grande aptidão para lidar com números. O escorpiano costuma ser bom comerciante, mas o capricorniano o supera e, graças à influência conjugada de Capricórnio e de Saturno, ele não só é muito hábil nas manobras financeiras relacionadas com os números como, também, sabe descobrir onde estão os bons negócios e sabe multiplicar seu capital, fazendo investimentos seguros e jamais se arriscando em empresas audaciosas e incertas.

As associações com os capricornianos serão favoráveis aos escorpianos, mas estes deverão escolher um sócio de vibrações positivas, pois os tipos negativos de Capricórnio, além de calculistas e egoístas, nem sempre primam pela honestidade. Os escorpianos mais favorecidos nessas ligações comerciais são os nascidos entre 11 e 21 de novembro; este decanato de Escorpião tem a influência da Lua, que é hostil a Saturno, mas é maliciosa e sabe se defender.

ESCORPIÃO–AQUÁRIO. Escorpião é um signo evolucionista, como pode ser notado por sua palavra-chave, Renovação, que sugere a idéia de uma constante modificação, operada num sentido de aperfeiçoamento. Aquário já tem uma natureza mais extremista e suas tendências são revolucionárias e radicais; enquanto Escorpião conserva a essência e modifica apenas a estrutura, ele prefere desprezar ou destruir o que está feito e construir algo inteiramente novo, sem utilizar velhas fórmulas ou formas.

Apesar de ser muito conservador em suas próprias tendências renovadoras, Escorpião está cosmicamente preparado para a evolução final e por isso oferece campo magnético favorável ao mais subversivo de todos os planetas, Urano, que se exalta e se sente tão forte em seus domínios como nos próprios domínios de Aquário, que é seu trono zodiacal. Urano é o reformador social, o revolucionário, o nivelador de castas e o profeta da libertação. A liberdade pregada por ele não é somente a social e a econômica; dominando sobre a Aeronáutica, a Astronáutica, a Eletricidade e a Eletrônica, ele destrói os limites do tempo e do espaço, e envia o homem em busca da liberdade cósmica.

Escorpianos e aquarianos, quando positivos, podem beneficiar-se mutuamente e podem trazer grandes benefícios à coletividade; quando negativos são duas poderosas forças de perversão e destruição.

O nativo de Aquário dificilmente deixa de atender aos pedidos que lhe são feitos; o difícil é chegar-se até ele, pois, embora não seja anti-social, possui um temperamento retraído e não gosta de estranhos.

Amor — Os aquarianos, tendo nascido num signo que também faz parte da Cruz do Mundo, como os escorpianos, estão sempre dispostos a dedicar sua vida a um ideal ou a uma pessoa. Quando se afeiçoam a alguém são dedicados, sinceros e amorosos; quando, porém, esse alguém não corresponde ao seu amor ou não retribui sua dedicação e fidelidade, são capazes de romper qualquer laço sem a menor hesitação. Assim, se os escorpianos quiserem ser felizes com seu cônjuge de Aquário, terão de agir sempre com a maior sinceridade ou se verão abandonados por ele.

Pessoas de condição social inferior poderão perturbar a paz doméstica dos escorpianos com intrigas e calúnias. Os casamentos serão muito instáveis quando os escorpianos tiverem nascido entre 23 e 31 de outubro; este decanato tem a regência pura de Marte, cujas vibrações são muito hostis a Urano e a Aquário.

Amizade — As relações de amizade estabelecidas entre os nativos de Escorpião e de Aquário serão agradáveis e profundas, principalmente quando tiverem, além da simpatia mútua, um objetivo intelectual, artístico ou místico.

Do mesmo modo que os escorpianos, os aquarianos são muito exigentes na escolha dos seus companheiros, não dão intimidade a pessoas estranhas e só abrem seu coração àqueles que consideram como amigos. Estes dois tipos astrológicos também nunca falham nas horas difíceis e as amizades entre eles sempre se constituirão numa permuta de apoio e conforto espiritual.

Os raios negativos de Aquário e Urano são muito violentos e destrutivos. Os aquarianos inferiores são cruéis, frios e insensíveis e sua influência é muito maléfica para aqueles que têm uma vontade mais fraca. Os escorpianos devem evitar a companhia desses tipos inferiores, ou estarão sujeitos a graves danos espirituais ou materiais.

Negócios — O aquariano é muito inteligente, tem uma extraordinária capacidade de trabalho e tem esplêndidas aptidões para criar, organizar, dirigir e comandar; é, porém, mais idealista do que ambicioso, ama a obra mais do que o lucro, e, por isso, raramente se transforma num comerciante de sucesso. Associando-se a ele o escorpiano poderá contribuir com sua esperteza e com sua habilidade comercial e desse modo, em pouco tempo, a sociedade trará fortuna e prestígio.

Para os escorpianos, os melhores associados serão os aquarianos nascidos entre 30 de janeiro e 8 de fevereiro; esse decanato de Aquário tem a regência participante de Mercúrio, que dá muita habilidade comercial aos seus nativos. Associando-se a estes aquarianos, os nativos de Escorpião devem ter especial cuidado com contratos, papéis e documentos, pois eles poderão trazer aborrecimentos futuros.

ESCORPIÃO–PEIXES. O signo de Peixes fecha o triângulo dos signos de água e fecha, também, o místico círculo do zodíaco, pois ocupa seu último setor, a décima segunda Casa. Seu regente é Netuno, o planeta da inspiração e do messianismo e suas vibrações são muito elevadas e benéficas.

O elemento água costuma dar certa instabilidade emocional aos seus nativos. Escorpião foge dessa imposição devido ao seu ritmo estável e à influência marciana, que lhe dá uma natureza firme e objetiva. Em Peixes, porém, a instabilidade é muito pronunciada, não só devido ao seu ritmo, que é mutável, como, também, em virtude de sua própria essência, que é dual, conforme vemos por sua figura simbólica, os dois peixes. Assim, os piscianos podem ser criaturas de dupla personalidade, ora alegres ora melancólicos, ora ativos ora inertes, ora afetivos ora indiferentes, como podem, também, dividir-se em duas classes bem distintas: os alegres, sociáveis, entusiastas e frívolos e os reservados, obstinados, prudentes e retraídos.

Existe sempre uma grande afinidade entre os que nascem em signos do mesmo elemento, que neste caso é a água. Escorpião, pela regência de Marte, que é um planeta de fogo, foge um pouco dessas características e, embora se harmonize relativamente bem com Peixes, quase nunca faz com que seus nativos se sintam atraídos pelos sensíveis e impressionáveis piscianos.

O nativo de Peixes é extremamente humano e está sempre pronto a auxiliar seus semelhantes. Quem precisar de sua ajuda não terá que escolher palavras ou momentos favoráveis; basta pedir e conseguirá.

Amor — O pisciano é muito amoroso e não sabe viver sem afeto. Embora seja exclusivista e ciumento, está sempre pronto a se sacrificar por aquele a quem ama e é capaz de perdoar todas as falhas e erros desde que se sinta querido e respeitado.

Nos matrimônios entre escorpianos e piscianos, os responsáveis pelas brigas e discussões serão sempre os nativos de Escorpião, pois Peixes costuma imprimir um gênio calmo e cordato nos seus nativos. O escorpiano deve, porém, acautelar-se contra a aparente passividade do pisciano, pois se não souber tratar seu cônjuge com a consideração merecida, poderá ver-se abandonado, sem o menor aviso.

Intrigas ou calúnias feitas por empregados domésticos ou por pessoas de condição social inferior poderão causar sérias perturbações na vida matrimonial dos escorpianos e piscianos.

Amizade — O pisciano é muito sociável. Faz amigos na rua, no ônibus, no restaurante e em todos os lugares aonde vai, pois a vibração cósmica do seu signo determina que ele sempre esteja pulsando em uníssono com seus semelhantes. Para ele, o escorpiano é um companheiro ideal, pois tem sempre disposição para ouvir seus problemas, seus planos e suas dúvidas. Assim, para todo amigo nascido em Peixes, o nativo de Escorpião será mais um orientador ou um confessor do que, propriamente, um companheiro de farras e prazeres.

O signo de Peixes tem induções elevadas e benéficas, mas a negativação de seus raios pode produzir tipos muito perigosos. Os piscianos inferiores podem inclinar-se para a bebida e os tóxicos. Sua companhia deverá ser evitada pelos escorpianos, que poderão ser vítimas de escândalos e calúnias ao conviverem intimamente com eles.

Negócios — Os piscianos são criaturas surpreendentes. Eles tanto podem ter uma natureza romântica e sonhadora, absolutamente despida de senso prático, como podem ser sagazes, maliciosos, utilitários, egoístas e ambiciosos. Ao estabelecer com eles alguma associação comercial, o escorpiano deverá sempre procurar um sócio que pertença ao tipo prático e ambicioso, se quiser obter sucesso e lucro.

Cuidado, porém, com esses tipos práticos, pois quando têm vibrações negativas são práticos demais, isto é, são desonestos, principalmente quando nascem entre 1º e 10 de março; esse decanato de Peixes tem a regência participante da Lua que sabe ser muito maliciosa e trapaceira. Os tipos positivos desse decanato são comerciantes muito hábeis e são ótimos sócios para os escorpianos, principalmente para os nascidos entre 11 e 21 de novembro, período no qual Escorpião também recebe a influência lunar.

MARTE, O REGENTE DE ESCORPIÃO

Marte, o planeta que mais desperta a curiosidade do homem, com seus mares e seus misteriosos canais, refletindo em tom rubro a luz do Sol, parece justificar as qualidades de agressividade, belicosidade e audácia que lhe são atribuídas. É um planeta identificado com a guerra, a morte, o sangue, a violência e a dor. Os nomes dos seus dois satélites, Deimos e Fobos, o Terror e o Medo, também parecem simbolizar suas qualidades.

Dominando sobre dois signos, Áries e Escorpião, Marte neles imprime fortemente a sua marca. Sua natureza é idêntica à de Áries, e sua presença vem dar maior intensidade à personalidade impulsiva e apaixonada dos arianos. Em Escorpião, que é um signo de água, sua vibração vem modificar de modo notável a natureza dos escorpianos, dando-lhes audácia, firmeza, ambição e dinamismo.

É um planeta de polaridade masculina, positiva, de natureza ígnea e de constituição quente e seca. É o último dos planetas mais próximos do Sol; depois dele fica a estranha faixa de asteróides que estabelece o limite além do qual estão os planetas mais lentos e pesados: Saturno, Júpiter, Urano, Netuno e Plutão. O Sol e demais planetas colocados dentro da linha dos asteróides proporcionam ao homem o poder de viver, gerar filhos, alimentar-se e defender-se; possuem, também, vibrações elevadas e superiores, que só são captadas pelos tipos astrológicos mais evoluídos.

Os escorpianos tanto podem receber somente as vibrações grosseiras de Marte, que rege a energia sexual, como também podem absorver toda a tremenda potência energética que ele irradia, fluido superior que dinamiza, impele, vitaliza e atualiza por meio da transformação e da purificação determinada pelo elemento fogo. Justamente por suas qualidades violentas e transformadoras, Marte, assim como Saturno, é considerado um planeta maléfico. Isto é bastante injusto. As irradiações marciais são tão benéficas quanto qualquer outra; maléficas são as conseqüências que seus protegidos têm de sofrer quando erram, mas isto é por culpa deles e não do planeta.

As induções marciais determinam irreflexão e impulsividade, e seus protegidos quase nunca seguem os conselhos da razão e do bom senso. Isto é sempre comum nos arianos, mas os escorpianos, que são contidos pela característica estável de seu signo, também agem movidos por seus impulsos e desejos, mas sabem usar o raciocínio e sempre põem uma boa dose de prudência em seus atos.

Nenhum planeta induz à mesma intensidade de atividade de Marte e os escorpianos se distinguem por seu ardor, por seu extremismo no ódio, no amor, nos divertimentos ou nos negócios, nas amizades ou inimizades. O autoritarismo e o instinto dominador também são proporcionados por este planeta e os escorpianos têm de sobra essas duas características marciais; não obedecem a ninguém, mas exigem, sempre, obediência absoluta; não admitem interferências em seus negócios públicos ou privados e, possuindo uma exagerada consciência do seu próprio eu, subordinam, protegem e comandam todos aqueles que estão sob sua responsabilidade.

Os escorpianos que recebem as superiores influências de Marte são heróicos, desprendidos, orgulhosos e altruístas. São capazes de arriscar a vida e a fortuna por qualquer causa que lhes pareça nobre e digna. Eles têm especial consideração pelos fracos e desprotegidos, e amam as crianças e os velhos, e não admitem que ninguém magoe os animais. Eles parecem emanar forte magnetismo, pois sua presença espalha vitalidade e energia. Marte, com seus influxos superiores, dá a eles e aos arianos a justiça por ideal e a perfeição como meta.

Os influxos menos harmoniosos de Marte determinam os heróis da força bruta, os valentes lutadores e esportistas, os audaciosos aventureiros, os modernos cavaleiros andantes, que tanto se satisfazem dirigindo um carro em alta velocidade como caçando numa mata, a alguns quilômetros do asfalto, ou gritando desaforos para o juiz num campo de futebol. A fim de dar vazão à sua energia, os escorpianos sentem necessidade de coisas ruidosas, movimentadas e cheias de ação. Por essa razão, embora, como nativos de um signo de água, sejam amantes do lar e da família, também apreciam os lugares onde haja muita gente e muita luz, cor e som; assim, podemos encontrar os escorpianos nos bares, cafés, restaurantes, ruas cheias de gente e campos esportivos. As atividades esportivas de caráter amador ou profissional costumam atraí-los quando, além da oportunidade de exercitarem sua força e habilidade, ainda lhes oferecem a atração do perigo. Preferem, por isso, o boxe, a esgrima, a equitação, o pólo, a luta livre, o levantamento de peso, etc.

Os tipos menos evoluídos, dominados por Marte, não têm sutileza nem diplomacia. Desconhecem a prudência e a reflexão, e preferem usar a força a fazer qualquer acordo. São arrogantes, dispersivos e destituídos de firmeza. Não têm capacidade para nenhum trabalho intelectual, pois seus centros de emoção, percepção e sensibilidade são embotados. Inclinam-se, portanto, para os trabalhos que requerem grande atividade ou esforço físico ou, ainda, para as ocupações onde estejam presentes o sangue, a violência, a dor e o ruído. Tanto podem ser britadores, trabalhadores de estradas, dinamitadores, condutores de máquinas pesadas, mecânicos, ferreiros e soldadores, como podem ser guardas de prisões, enfermeiros de hospícios, açougueiros, funcionários de matadouros ou empregados em indústrias, especialmente as de maquinaria pesada, fundição, etc.

Os tipos superiores podem ser advogados brilhantes, escritores eméritos, engenheiros e construtores de grandes obras, líderes populares, soldados destemidos, políticos eminentes, médicos e cirurgiões de grande capacidade ou artistas cujas obras são de concepção superior e realista.

Como bem se pode observar, enquanto os influxos elevados de Marte conduzem ao heroísmo, ao idealismo, à arte superior, ao desejo de proteção aos fracos e necessitados, à busca constante de novos rumos e novas realizações dando, enfim, uma motivação nobre ao desejo de ação e movimento, seus raios inferiores inclinam à brutalidade, à violência, ao sensualismo grosseiro e à destruição.

Simbolismo das cores

As cores de Marte são a púrpura, o carmesim, o vermelho e o escarlate, ou vermelho-vivo. Existe aqui uma interessante ligação entre Áries, que é o primeiro signo e representa o homem recém-criado, e Escorpião, que se defronta com Ofiúco, o homem da serpente. A cor de Marte é rubra e em hebraico vermelho se traduz por *Adão*; parece bastante significativo que Marte seja o regente de Áries, que simboliza Adam Kadmon e também seja o regente de Escorpião, que é a Casa da morte.

As vibrações marciais têm grande poder recuperativo, vital e cicatrizante; a cor vermelha tem comprovado efeito energético, de recuperação e reconstrução, exercendo forte influência sobre o corpo humano. Sendo excitante, ela determina coragem, força e audácia, e é expressamente recomendada para as pessoas tímidas ou fisicamente fracas.

Os tons de vermelho nunca devem ser empregados numa vestimenta completa, pois dinamizam negativamente a parte grosseira dos sentimentos e emoções; devem ser usados somente em detalhes do vestuário, tais como gravatas, lenços ou enfeites. As feridas cicatrizam-se quando expostas à vibração marcial. A vitamina A fixa-se rapidamente no organismo ante a cor rubra, e as pessoas anêmicas se fortalecem quando a usam, pois o vermelho enriquece os glóbulos sanguíneos.

O vermelho, o carmesim e o escarlate são tons que simbolizam o Fogo, o Espírito e o Amor Divino. Nas roupas sacerdotais, tanto da antiguidade como de hoje, o vermelho aparece com freqüência, juntamente com as cores púrpura, violeta e roxa, que são combinações suas com o azul. Segundo o Êxodo, Deus ordenou a Moisés que fossem azuis, púrpura e carmesim os estofos usados, juntamente com o linho branco, para ornamentar o Tabernáculo e fazer as vestes litúrgicas de Aaron e seus filhos.

O vermelho ainda representa as vibrações inferiores de Marte não devendo, por isso, ser usado em excesso. No Apocalipse, São João vê a Besta vestida com roupagens rubras, e na Igreja Católica, Satanás é representado vestido de vermelho, como se ambos, a Besta e o Anjo Mau, refletissem a face grosseira, destrutiva e material de Marte.

O vermelho e o carmesim são as melhores cores para os escorpianos nascidos no primeiro decanato de seu signo, entre 23 e 31 de outubro. Não devem, porém, ser usados em vestimentas completas, pois, como já dissemos, dinamizam justamente a parte mais grosseira das emoções e sentimentos, sendo somente aconselhável quando o nativo tiver saúde precária ou for tímido e acanhado. O escorpiano poderá usar a cor que mais for de seu agrado e sempre que possível colocar um detalhe rubro, para atrair as vibrações marcianas favoráveis.

Todos os tons pálidos, onde entra o branco em abundância, ou onde exista bastante azul, são favoráveis aos escorpianos nascidos nos vinte dias finais de Escorpião. Os que têm sua data natal entre 1 e 10 de novembro, e que recebem a influência participante de Netuno, serão muito beneficiados se utilizarem tons azuis, principalmente o azul profundo, quase marinho, que é a cor que identifica as irradiações netunianas. Esta cor, em todas as suas gradações, é muito propícia para quase todos os tipos astrológicos e representa o Espírito, a eternidade de Deus e a imortalidade do homem.

Os nativos do terceiro decanato, que vai de 11 a 21 de novembro, recebem a influência participante da Lua e suas cores favoráveis são as que estão sob vibração lunar: cinza-pérola, verde bem pálido, azul-esverdeado e branco. O branco é muito importante, simboliza a Verdade Absoluta, pois contém em si todos os raios cromáticos. Identifica-se com a pureza, a inocência e a virtude. É a cor que associamos a Deus e aos seres celestiais e proporciona paz e tranqüilidade.

A magia das pedras e dos metais

As pedras preciosas de Marte e Escorpião são a ametista, o diamante e o topázio. A ametista é uma variedade de quartzo, de tom violeta, muito favorável para aumentar a vitalidade e dar resistência contra o cansaço, o esgotamento e o torpor da bebida. Segundo as antigas tradições ela proporciona fortuna e paz interior. O diamante é o mais duro e límpido de todos os minerais; acentua o orgulho, a autoconfiança e proporciona amor, franqueza e decisão. O topázio é uma bela pedra amarela e transparente, e possui a faculdade, de acordo com a lenda, de fazer seu dono amar e ser amado ardentemente.

As pedras de Marte e Escorpião são favoráveis para todos os escorpianos que devem usar uma delas para atrair as benéficas vibrações de seu signo e de seu planeta. A ametista e o diamante favorecem especialmente os que nascem no primeiro decanato, entre 23 e 31 de outubro. O topázio é muito benéfico para os nativos do segundo decanato, que vai de 1º a 10 de novembro. Os que têm sua data natal entre 11 e 21 de novembro podem usar pérolas ou cristais, especialmente nas tonalidades verde, azul e amarelo, que estão sob vibração lunar.

O ferro é o metal pertencente a Marte. Segundo a lenda, o ferro dedicado ao deus Marte jamais se enferruja, quebra ou enegrece. Este metal deve ser usado com cautela, pois ele aumenta a sede de domínio e de poder, e brutaliza as criaturas. Deve, porém, ser utilizado pelos que desejam desenvolver a força física ou aumentar a vitalidade, podendo ser usado em pulseiras, anéis, ornamentos e na decoração interna do lar ou do escritório.

A mística das plantas e dos perfumes

Pertencem a Marte todas as plantas picantes, ácidas e fortes, tais como a cebola, o alho, o rabanete, o cardo e a urtiga. Também sob sua influência e a de Saturno estão todas as plantas de veneno mortal.

Todas as resinas também lhe pertencem, sendo as mais benéficas a mirra e a resina extraída do aloés, que antigamente era usada para perfumar e preservar os corpos mortos, retardando sua decomposição. A tuberosa pode fornecer essência para perfume que será muito favorável aos escorpianos que tiverem sua data natal entre 23 e 31 de outubro. Os que tiverem sua data natal nos demais dias de Escorpião poderão usar o lírio ou a açucena para fornecer-lhes essências para perfume, ou poderão purificar o ambiente de sua sala com uma braçada de copos-de-leite, lírios ou íris brancas. Os gerânios também favorecem todos os nativos de Escorpião, que devem sempre plantá-los em seu jardim ou em seu quintal.

As defumações, naturalmente sem finalidades religiosas, feitas apenas para aromatizar o ambiente, trarão resultados muito benéficos. Os escorpianos devem usar as flores de seu signo e de seu planeta, secas e misturadas com um pouco de mirra. Esta defumação aromatizante traz muita paz e harmonia e torna o ambiente magnético, atraindo amigos, alegria e fortuna.

MARTE E OS SETE DIAS DA SEMANA

Segunda-Feira

A Lua, regente do signo de Câncer, é quem domina sobre a segunda-feira. Câncer é um signo de água e este dia, portanto, pertence ao móvel e psíquico elemento que é responsável pelas fantasias, sonhos e crendices, e que favorece as aparições e as comunicações com os nossos ancestrais. Sendo Câncer um signo passivo e a Lua um elemento de força também passiva, ou feminina, a segunda-feira é um dia onde todos sentem suas energias diminuídas; como bem diz o povo, é "dia de preguiça".

Acontece que este dia domina atividades importantes, que nada têm de preguiçosas, relacionando-se com a alimentação e a diversão do povo. Circos, parques de diversões, teatros, cinemas, feiras, mercados, postos de mar, alfândegas, entrepostos de pesca, etc., são locais que estão sob vibração lunar. Os escorpianos, nas segundas-feiras, devem evitar os negócios regidos por seu signo e planeta, e só devem se dedicar às atividades governadas pela Lua. Este dia favorece aos que têm sua data natal entre 11 e 21 de novembro.

Terça-Feira

A terça-feira é regida por Marte sendo, portanto, o dia mais favorável para os escorpianos, principalmente os nascidos entre 23 e 31 de outubro. Os demais nativos de Escorpião devem agir com cautela, pois a terça-feira possui fortes vibrações, tanto benéficas como maléficas.

Este é um dia favorável para consultar médicos, cirurgiões-dentistas, oftalmologista, etc. É benéfico para qualquer cirurgia, principalmente na cabeça, queixo, boca, ouvidos, olhos, nariz e fígado. Também é propício para o início de qualquer tratamento de saúde em virtude do grande poder vital de Marte, que age beneficamente sobre todas as coisas ligadas à saúde e à conservação do corpo físico.

Nas terças-feiras podem ser tratados todos os negócios que tenham ligação com pessoas de alta posição: militares, homens do governo, chefes de empresa, indústrias, engenheiros, etc. Também podem ser iniciadas ou planejadas todas as atividades ligadas às profissões induzidas por Marte e Áries.

Neste dia podem surgir discórdias no lar, sendo aconselhável manter a calma e evitar discussões. Assuntos amorosos podem trazer aborrecimentos, assim como papéis e documentos, que poderão ser causa de preocupações ou prejuízos. Devem ser evitados os excessos e os escorpianos devem ter cautela, pois este dia carrega vibrações que aumentam as naturais tendências agressivas, próprias de Marte e Escorpião. Nas terças-feiras não é aconselhável comprar objetos para uso doméstico, jóias, roupas, calçados, etc., pois Marte só beneficia a aquisição daquilo que está ligado às suas atividades.

Quarta-Feira

Mercúrio, o plástico, pequenino e ágil planeta que é o mais próximo vizinho do Sol, não tem nenhuma afinidade com Marte. Urano, que divide com Mercúrio a regência das quartas-feiras, também não se harmoniza com Marte e Áries. Portanto, os escorpianos devem agir com cautela neste dia, se não quiserem ter prejuízos, especialmente financeiros; devem tratar somente dos assuntos ligados a Mercúrio e Urano, e deixar as atividades de Marte para outro dia mais favorável.

Urano rege a eletrônica, o rádio, a televisão, o automobilismo, a astronáutica, a aeronáutica e todas as atividades onde intervenham a eletricidade, o movimento mecânico, as ondas de rádio e todas as formas de vibração mental, especialmente a telepatia. Mercúrio é o senhor da palavra escrita e falada, e protege as comunicações, os documentos, cartas, livros, publicações e escritos de toda espécie. Rege, também, o jornalismo, a publicidade e as transações comerciais. A quarta-feira, ainda, é propícia às viagens, pois Mercúrio governa todos os meios de locomoção, exceto os aéreos, que estão sob a regência de Urano.

Quinta-Feira

Júpiter, o benevolente e hierárquico senhor de Sagitário, é quem domina sobre as quintas-feiras, favorecendo tudo o que diz respeito às relações humanas, exceto as transações comerciais.

Ele protege os noivados, namoros, festas, casamentos, reuniões sociais, comícios políticos, conferências, concertos, etc. Também sob sua regência estão todas as coisas relacionadas com o Poder e o Direito; pode-se, pois, nas quintas-feiras, tratar de assuntos ligados a juízes e tribunais, ou que estejam afetos ao governo, ao clero ou às classes armadas. Também estão sob sua proteção os professores, os filósofos, os sociólogos, os cientistas, os economistas e os políticos.

Júpiter não se harmoniza bem com Marte, mas suas vibrações favorecem bastante aos escorpianos nascidos nos dois últimos decanatos de Escorpião, que vão de 1º a 10 e de 11 a 21 de novembro. Estes nativos podem utilizar a quinta-feira com muito êxito e tratar não só das atividades jupiterianas como também daquelas regidas por seu signo.

Sexta-Feira

A regência das sextas-feiras está dividida entre Vênus e Netuno. Embora Vênus tenha afinidade com Marte e Escorpião, este dia não favorece muito os escorpianos nascidos entre 23 e 31 de outubro, que poderão sofrer com as vibrações netunianas, que são hostis a este signo e planeta. Os demais escorpianos podem ter um dia muito propício na sexta-feira.

Vênus domina sobre a beleza e a conservação do corpo. A sexta-feira é favorável para comprar roupas e objetos de adorno, para cuidar dos cabelos ou tratar de qualquer detalhe relacionado com a beleza e a elegância, masculina ou feminina. É dia muito propício para as festas, reuniões sociais ou encontros com amigos. Protege, também, os namoros, noivados, as artes e atividades artísticas. Os presentes dados e recebidos neste dia são motivo de muita alegria, sejam eles flores, bombons, objetos de adorno ou de decoração, roupas, livros, etc.

Netuno, o misterioso senhor dos abismos marinhos, onde a luz não penetra, é muito hostil a Marte; é, todavia, participante na regência do segundo decanato de Escorpião, que vai de 1º a 10 de novembro, e favorece bastante os escorpianos nascidos nesse período.

Nas sextas-feiras devemos procurar agir com bondade e generosidade para captar as boas influências de Netuno, pois ele domina sobre a miséria e a doença, regendo, portanto, a caridade, a filantropia e o serviço social.

Sábado

O frio e constritor Saturno, filho do Céu e da Terra, não se harmoniza com o turbulento Marte. O sábado, portanto, não é um dia muito favorável para os escorpianos, que devem tratar somente das coisas beneficiadas por Saturno, deixando para melhores momentos as atividades do seu signo e do seu planeta, Marte.

A vibração saturnina beneficia os lugares sombrios ou fechados, tais como cemitérios, minas, poços, escavações e laboratórios ou os locais de punição, sofrimentos, recolhimento ou confinação, como cárceres, hospitais, claustros, conventos, hospitais de isolamento, etc. A lepra, as feridas e chagas, a sarna, o eczema e todos os males semelhantes lhe pertencem e o sábado é bom dia para iniciar ou providenciar seu tratamento.

Este planeta também domina sobre a arquitetura severa e a construção de edifícios para fins religiosos, punitivos ou de tratamento, como igrejas, claustros, conventos, tribunais, penitenciárias, orfanatos, asilos, casas de saúde, etc. A ele estão ligados também os estudos profundos, como a Matemática, a Astronomia, a Filosofia e, também, as Ciências Herméticas. Como filho do Céu e da Terra, ele é, ainda, o regente dos bens materiais ligados à terra: casas, terrenos e propriedades, na cidade ou no campo, sendo favorável à compra e venda dos mesmos.

Domingo

O domingo favorece de certa forma os escorpianos, pois o Sol, que é o regente deste dia, costuma se harmonizar bem com Marte e com a Lua, que participa da regência do terceiro decanato de Escorpião. O domingo é menos propício para os escorpianos nascidos entre 1º e 10 de novembro, pois o Sol é hostil a Netuno, que colabora no domínio destes dez dias.

O Sol é o planeta da luz, do riso, da fortuna, da beleza e do prazer e está sob sua influência tudo o que é belo, festivo, extravagante, confortável e opulento. No domingo é possível pedir favores a pessoas altamente colocadas, solicitar empréstimos ou tratar de qualquer problema financeiro. Pode-se, também, com certeza de êxito, pedir proteção ou emprego a altos elementos da política, do clero ou das finanças. É um dia que inclina à bondade, à generosidade e à fraternidade, sendo, portanto, benéfico para visitas, festas, reuniões sociais, conferências, noivados, namoros e casamentos; favorece, ainda, a arte e todas as atividades a ela ligadas, as jóias, pedras preciosas e as antigüidades de alto valor, dominando sobre a compra e venda e a realização de exposições, amostras, concertos, etc.

MITOLOGIA

Escorpião

A constelação de Escorpião tem seu nome ligado ao animalzinho que matou Órion, o belo caçador. O escorpião foi imortalizado no céu, o mesmo acontecendo com Órion, que ocupa a mais bela de todas as constelações, aliás facilmente identificável pelas três estrelas existentes em seu centro, vulgarmente chamadas "as três Marias".

Existem várias lendas sobre Órion. Segundo alguns poetas ele nasceu do amor que Netuno dedicou à formosa Euríale, filha de Minos. Órion tornou-se famoso por sua habilidade na caça e por sua extraordinária beleza. Era um gigante; quando caminhava dentro do mar sua cabeça ficava acima das ondas e quando andava sobre a terra ela atingia as nuvens. Certa vez, competindo alegremente com seu irmão, Apolo, Diana, que também era caçadora emérita, atirou suas flechas e, sem querer, matou Órion, que foi imortalizado por Júpiter, a pedido da bela deusa, que gostava do caçador.

Segundo outras lendas, Júpiter e Netuno certa vez pediram abrigo a um pobre camponês, chamado Hirieu, que sem saber quem eles eram os acolheu em sua cabana e os tratou com as maiores honras. Em agradecimento por tão amável hospitalidade, os deuses tomaram uma pele de ovelha e dela fizeram nascer um belíssimo menino, profetizando que ele se tornaria um semideus; essa criança, que se tornou astrônomo notável e caçador sem rival, recebeu de Júpiter o nome de Órion e, ao morrer, foi colocado no céu com os deuses.

Existem outras versões a respeito da morte de Órion. A mais divulgada é a que conta da paixão que Diana sentiu por ele, que foi a causadora de sua morte. Diana, a Lua, e seu irmão Apolo, o Sol, eram gêmeos, nascidos da união de Júpiter e de Latona, filha do Titã Coeus. Diana nasceu uns momentos antes de seu irmão e assim teve oportunidade de testemunhar as dores sofridas por sua mãe. Isso a fez conceber tal aversão ao casamento que não deu sossego a seu pai, Júpiter, enquanto este não lhe permitiu a graça de guardar virgindade perpétua. O deus dos deuses amava muito a seus filhos, legítimos e ilegítimos, e concedeu então a Diana a permissão que, aliás, já concedera a outra de suas filhas, Minerva, sua predileta, que jurara guardar castidade eterna.

Júpiter presenteou Diana com um arco e uma flecha e a tornou a rainha dos bosques. Diana formou-se caçadora emérita e foi viver nas florestas, acompanhada por um cortejo de formosas ninfas, as Oceânides e as Ásias, das quais exigia absoluta castidade e obediência. Ela e o irmão, Apolo, amavam-se ternamente. Como um não queria ofuscar a glória do outro, ele reinava durante o dia e ela era a senhora da noite. Quando Apolo, cansado, mergulhava seu carro de fogo nas profundezas do oceano, Diana, então, iniciava sua caminhada pelo céu, refrescando a terra que o irmão deixara aquecida com seu calor ardente.

Apesar de seu voto de virgindade, Diana se apaixonou violentamente pelo belo caçador Órion. Foi, porém, um amor inútil, pois Aurora, a formosa criatura que abria as portas do céu para dar passagem do carro do Sol, já conquistara o coração de Órion. Dizem alguns poetas que Diana o matou por vingança, afirmando que o caçador tivera a audácia de desafiá-la para uma competição e que ousara tocar seu véu com sua mão impura.

Por ordem da bela e despeitada Diana, o escorpião mordeu Órion, matando-o em meio de dores atrozes. Mortificada com o que fizera, Diana implorou a seu pai que imortalizasse o jovem e o venenoso lacrau, que apenas obedecera às suas ordens. Júpiter atendeu-a, colocando o animalzinho em Escorpião e o caçador na bela constelação que leva seu nome. Junto a ele está a constelação do Cão Maior, que simboliza o fiel cão que acompanhava Órion em suas caçadas e que agora o segue em seu passeio celeste.

Marte

Saturno e Réia, que nasceram da união de Urano, o Céu, e Vesta ou Titéia, a Terra, tiveram vários filhos, entre eles Netuno, Plutão e Júpiter, que foi chamado "pai dos deuses" e que se casou com Juno, sua irmã gêmea. Marte nasceu dessa união e quem o educou e o iniciou na arte de guerrear foi Priapo, filho de uma ninfa chamada Naiás.

Marte teve inúmeras e turbulentas aventuras amorosas e épicas. Apaixonou-se por Vênus que, segundo uns, era filho de Júpiter e Dioméia, segundo outros nascera da espuma do mar misturada com o sangue de Urano, que caiu sobre a terra quando este deus foi impiedosamente emasculado por seu filho, Saturno. Desse amor pela bela Vênus nasceram dois rebentos, Deimos e Fobos, o Terror e o Medo. Amou a formosa Réia Sílvia, que também lhe deu dois filhos, Rômulo e Remo, os fundadores do povo romano.

Era o deus da guerra e da violência, e nas batalhas se fazia acompanhar por Ago, o Combate, Éris, a Discórdia, Ênio e os Queres, divindades do morticínio. Belona, sua mulher, cujos cabelos eram serpentes, pois ela descendia de uma família de monstros à qual pertenciam as Górgonas, era quem atrelava e conduzia o carro de batalha do deus. Mesmo nas lutas mais violentas, Belona permanecia ao lado do deus, acompanhada por Deimos e Fobos, com as serpentes de seus cabelos silvando em fúria, os olhos em chamas e brandindo o chicote com que fustigava impiedosamente os cavalos. A Fama, divindade alada, seguia o carro chamando, com sua trombeta, a Vitória ou a Derrota; nas batalhas de Marte somente a Vitória atendia ao seu chamado.

A aventura amorosa que Marte teve com Vênus foi das mais ruidosas do Olimpo. Ela era esposa de Vulcano, o feio e desajeitado deus-ferreiro, que morria de ciúmes. Nos encontros secretos entre ambos, Marte deixava de guarda um dos seus favoritos, Alectrião, que era muito preguiçoso. Certa vez Febo, que também amava Vênus, seguiu os dois apaixonados até seu esconderijo. Tendo Alectrião adormecido, Febo pôde espiá-los de perto e, vendo o que acontecia, foi chamar Vulcano. O marido ultrajado, apanhando os amantes em flagrante, envolveu-os numa poderosa e invisível rede e chamou todos os deuses para que testemunhassem o adultério.

Desse amor, além de Fobos e Deimos, nasceu também o travesso Cupido, ou Eros, o Amor. Percebendo os males que Cupido iria causar, Júpiter pediu a Vênus que se desfizesse dele, mas ela não obedeceu. Como Cupido, ou Eros, estivesse condenado a ser sempre criança enquanto não tivesse outro irmão, Vênus teve outro filho de Marte, Ânteros, ou antiamor, aquele que transforma o amor em ódio.

Marte era adorado na Trácia, na Beócia, na Lacônia e na Ática, e os atenienses lhe consagraram o rochedo vizinho da Acrópole, que tomou o nome de Areópago (colina de Ares). Seu culto, porém, foi maior em Roma do que na Grécia. Seu mais célebre templo foi o que Augusto construiu em sua honra e onde era adorado com o nome de Marte Vingador. No Campus Martius era-lhe dedicado um altar e além da Porta Capena havia um majestoso templo que lhe pertencia. Na Régia, morada dos imperadores, havia o famoso Sacrário de Marte, e César Augusto deu maior força a seu culto, dando-lhe a atribuição de guardião pessoal do Imperador e vingador dos Césares.

ASTRONOMIA

A constelação de Escorpião

Escorpião é, sem dúvida, a mais bela constelação do zodíaco. Parece um gigantesco ponto de interrogação formado por uma linha, quase ininterrupta, de estrelas muito brilhantes. Sua extraordinária alfa rubra, Antares, é uma das maiores estrelas conhecidas; seu diâmetro é de 266 milhões de milhas, que a torna 308 vezes maior do que o nosso Sol. Marte era chamado Ares pelos gregos, e Antares significa Anti-Ares, ou inimigo de Ares; isto talvez seja resultante da bélica cor vermelha que ambos possuem.

Em astronomia, Antares está incluída entre as chamadas "Estrelas Reais" do zodíaco. As outras são Regulos, a alfa de Leão, Aldebarã, a belíssima estrela principal de Touro, e Formalaut, que apesar de pertencer a uma constelação não zodiacal, o Peixes Austral, parece influenciar favoravelmente os nativos do signo de Peixes.

A constelação de Órion, que está ligada à lenda de Escorpião, é considerada como a mais bela do nosso conhecido universo. Em seu centro existe uma nébula colossal, junto das estrelas vulgarmente chamadas "três Marias". Sua alfa é Rigel e sua beta é Betelgeuse, uma estrela vermelha, variável, que em sua fase máxima é 484 vezes maior do que o nosso Sol. Órion é seguida pelo Cão Maior, a constelação onde está a maior estrela do nosso universo visível, o gigante Sírio, que representa o cão fiel do caçador Órion.

O planeta Marte

O planeta Marte, que tanta curiosidade nos desperta, é quase duas vezes menor do que a Terra, tendo um diâmetro de 4 200 milhas. Quando está próximo a nós, a distância que nos separa é de 35 milhões de milhas, o que corresponde a uma distância de 150 vezes maior do que a que separa a Terra da Lua. Sua temperatura, à noite, atinge cerca de 170º abaixo de zero. A atmosfera é tão rarefeita que corresponde somente a 1 ou 2% da atmosfera terrestre no nível do mar. Se os homens um dia atingirem, e certamente atingirão, esse planeta, terão de viver em condições excepcionais, sempre com roupas pressurizadas e capacetes com oxigênio. Não poderão cozinhar os alimentos, pois a água se evaporará antes mesmo de ferver. Aliás, se quisessem cozinhá-

-los, não poderiam usar carvão, óleo, petróleo ou qualquer outro combustível aqui utilizado, pois estes não produziriam fogo. Não conseguiriam sequer acender um palito de fósforo ou um isqueiro, e lhes seria impossível fumar um cigarro fora de sua cabine espacial.

O ano em Marte tem 687 dias e sua superfície, cheia de gigantescas crateras, mais se assemelha à da Lua do que à da Terra. Observado pelo telescópio dá a impressão de um disco avermelhado ou castanho, dividido no hemisfério Sul por uma cinta escura que delimita zonas coloridas, cujas tonalidades variam entre verde-azulado, cinza-esverdeado e azul-esverdeado. Sua superfície é quase que totalmente constituída de imensos desertos avermelhados, o que faz com que ele tenha essa peculiar cor vermelha no céu. No hemisfério Sul, principalmente, existem grandes zonas escuras que foram chamadas *maria* (mares), pois julgava-se que eram grandes extensões de água, mas recentemente os astrônomos provaram que são apenas desertos ressecados, pois não refletem luz como deveriam fazê-lo se fossem oceanos.

Há outras manchas escuras, que surgem na primavera marcial e se alastram rapidamente, como se se constituíssem uma espécie de vegetação de veloz crescimento; se houver realmente vegetação em Marte, ela deve ser bem diferente da nossa, pois lá não há oxigênio livre na atmosfera, que tem alta porcentagem de dióxido de carbono. Há, porém, vapor de água e Marte tem calotas polares como as nossas. No princípio julgava-se que elas fossem compostas por dióxido de carbono congelado, gelo seco, mas depois ficou provado que era vapor d'água cristalizado, ou neve igual à nossa.

Os famosos canais de Marte, que se imaginavam fossem construídos por seres inteligentes, nada mais são que um fenômeno tipicamente marciano, similar às manchas que se supõem serem vegetais, pois são vistos em certas épocas e em outras não. O que parece ter sido feito por seres inteligentes é Fobos, um dos seus satélites, que tem apenas dez milhas de diâmetro e dá duas vezes ao dia a volta ao redor do planeta enquanto seu companheiro, Deimos, que tem cerca de oito milhas de diâmetro, dá apenas uma volta, como a nossa velha Lua. Em 1959, o astrônomo I. S. Shkolovsky levantou a hipótese de Fobos ser uma esfera oca, artificial, e essa parece ser a única explicação plausível para o aumento de velocidade de Fobos, observado em 1954, que está se comportando como se comportam nossos satélites quando vão perdendo altura.

Hoje, que mandamos astronautas ao espaço e que estamos habituados às pesquisas espaciais, a idéia de Fobos ter sido construído para servir de base interplanetária ou para qualquer outra finalidade só conhecida por aqueles que o fizeram, não nos parece absurda; absurda deveria parecer se alguém a tivesse sussurrado para Asaph Hall, o astrônomo que, em uma noite de agosto de 1877, no Observatório Naval dos Estados Unidos, descobriu que Marte tinha dois satélites.

ALGUNS ESCORPIANOS FAMOSOS

Pelé — 23 de outubro de 1940
Reinaldo Gianecchini — 12 de novembro de 1972
Diego Maradona — 30 de outubro de 1960
Marie Curie — 7 de novembro de 1867
Júlio Dinis — 14 de novembro de 1839
Rachel de Queiroz — 17 de novembro de 1910
Graciliano Ramos — 27 de outubro de 1892
Cecília Meireles — 7 de novembro de 1901
Pablo Picasso — 25 de outubro de 1881

Impresso por :

Graphium
gráfica e editora

Tel.:11 2769-9056